靖国神社と幕末維新の祭神たち

明治国家の「英霊」創出

吉原康和

吉川弘文館

はじめに

靖国神社に祀《まつ》られている祭神といえば、多くの人が最初に思い浮かべるのは、太平洋戦争の戦没者ではなかろうか。

同神社の祭神総数二百四十六万六千柱《はしら》余のうち、太平洋戦争の軍人、軍属の戦没者を中心とする祭神は約二百十三万柱と、全体の九割近くを占める。祭神の圧倒的多数が記憶の新しい戦争の戦没者であることに加え、「極東国際軍事裁判」（東京裁判）の「A級戦犯」合祀《ごうし》と歴代首相の靖国参拝の是非、これに反発する中国や韓国との外交問題、政教分離と戦没者の慰霊・追悼のあり方をめぐる論議が繰り返されるなど、その理由は盛りだくさんである。

しかし、靖国神社は太平洋戦争に至る対外戦争の戦没者を祀ることを目的に創建された施設ではなかった。

本格的な対外戦争関係の合祀は、日清戦争の戦死者を祀った明治二十八年（一八九五）に始まるが、同神社の創建当初に合祀が想定されていたのは戊辰戦争の「官軍」（新政府軍）側戦没者と幕末動乱期の国事殉難者（幕末殉難者）だった。対外戦争の合祀者は、戊辰戦争の「官軍」側戦没者以来の延長線上の一部にすぎない。太平洋戦争の評価と、靖国神社がなぜ、つくられたかという問題は、そもそも次元の違う問題である。

それでは、同神社の祭神のもう一方の主役であった幕末殉難者とはどのような人々であろうか。同神社のホームページに「明治維新のさきがけとなって斃《たお》れた坂本龍馬・吉田松陰・高杉晋作・橋本左内といった歴史的に著名な幕末の志士達」と簡潔に紹介されているが、合祀されたのはこうした有名な志士たちばかりではなく、主に十歳代から三十歳代を中心とする若者たちだった。祭神数は三千名に満たなかったが、かれらの合祀こそ発足してまもない明治新政府の国家目標の一つだった。幕末維新の内戦を制した薩長両藩を中心とする勝者の側の正当性のよりどころとされたからである。

また、同神社が創建される契機は、幕末期に日本に押し寄せてきた欧米列強諸国による開国要求に端を発する対外危機だった。同神社に合祀された幕末殉難者の対象範囲の起点は、ペリーが来航した嘉永六年（一八五三）に設定されており、幕末の激動を生き抜いた明治の政府高官たちも、対外危機のはじまりが維新の出発点と認識していたのであった。外交問題は、同神社の創建当初からはらんでいた問題だった。

幕末期、多くの若者たちの心をとらえた標語に「尊王攘夷《そんのうじょうい》」がある。この標語自体は、中国の宋王朝（北宋）滅亡の過程で生まれた思想を日本に輸入したものであったが、当時の日本の流行語となり、一大政治運動につながった。ペリー来航以来、欧米列強諸国による半植民地化の危機が進行する中、若者たちはこの標語に熱狂し、内憂外患の国難に対峙《たいじ》するスローガンとなったのである。

幕末殉難者を対象とする祭神を旧藩別で最も多く出したのが水戸藩だったことも幕末期、同藩が尊王攘夷思想の総本山であったことと密接な関係がある。危機にひんした幕藩体制を再編強化するため、水戸学によって全国に鼓吹された尊攘《そんじょう》思想は、やがて王政復古、討幕の思想に転化していくことになるからである。

もっとも尊攘運動の末に誕生した明治新政府はまもなく「開国和親」に転じ、「富国強兵」と「殖産興業」を看板に西洋化に突き進むのである。しかし、維新からおよそ二十年後、同神社に合祀された幕末殉難者は、尊攘派の人々ばかりであった。このギャップこそ、靖国神社の祭神とは何か、という本書の命題の根幹部分である。幕末期に尊王攘夷を掲げて国事に殉じた人々こそ、直接、間接を問わず天皇の政権樹立に貢献したとみなされる一方、対外戦争のたびに幕末維新の歴史が回顧され、「英霊」を守護神とする攘夷熱が頭をもたげてくるからである。死者は常に、生者、とりわけ時の為政者の都合のよい解釈に利用され、歴史は繰り返されるゆえんである。

戦後、歴史教育から「皇国史観」は消えたものの、維新の勝者である薩長側からの視点に偏りがちである。吉田松陰や高杉晋作が幕末の英傑として依然、人気を誇っているのは、小説や映画、テレビドラマの主人公に取り上げられる機会が多いからばかりとはいえない。なぜなのか。

靖国神社の前身の東京招魂社を創建したのは、大村益次郎ら長州藩出身者であった。東京招魂社の創建は尊攘派志士たちの招魂祭にルーツがあり、長州藩内には幕末期、すでに十六にのぼる招魂場があり、対幕府戦争などで戦没した犠牲者の招魂祭がさかんに行われた。維新以降、「官軍」と「賊軍」とに選別する祭神の合祀判定に影響力を行使したのは長州閥が実権を握る陸軍省であった。日露戦争後、「今や、官軍も賊軍もない」と帝国議会を舞台に維新の見直し運動が盛り上がるや、「官賊混同の歴史観」と真っ先に異論を唱えたのも、薩長閥の元老たちだった。

本書は、靖国神社側の膨大な資料をもとに、これまで必ずしも明確となっていない幕末維新の祭神の実像をひもとく試みである。大日本帝国憲法（明治憲法）が発布された明治二十年代にピークを迎える殉難者合祀を維新清算の第一段階ととらえ、さらに日清・日露戦争を経て本格的な対外戦争の時代を迎える第一次世界大戦前後を維新清算の完成期と位置付けた。維新の勝者と敗者との融和について考察するとともに、合祀や贈位の恩典に浴さず、歴史の忘却のかなたに置き去りにされた人々にも光をあてた。

靖国神社は、明治維新とともに成立した。それ以降の内戦と対外戦争を含め、常に政治と密接な関係にあり、同神社の歴史は日本近現代の政治史そのものと言っても過言ではない。その意味では、靖国問題とは近代日本と現代を結ぶ今日的テーマであり、自国の歴史をどう評価するのか、まずは日本人一人ひとりに問いかけられた内政問題であろう。本書が少しでも靖国神社の歴史について、その出発点から理解を深める一助になれば幸いである。

なお、元号は原則としてその年の途中で改元されても一月一日から改めた。年齢は数え年で統一した。引用した資料は読みやすく改めた部分もあり、必ずしも原文のままでないことをあらかじめお断りしたい。

目　次

はじめに

I　靖国の祭神とは何か

1　対外戦争の戦没者追悼施設なのか……2

幕末の「国賊」を祀る神社／二つの太政官布告／国事殉難者とは／安政の大獄と桜田門外の変／元治元年の争乱／幕末の祭神は二千九百柱／「維新前」「維新後」の区別／祭神数トップは水戸藩／長州・薩摩藩の殉難者／合祀第一号は土佐藩の坂本龍馬ら／明治二十年代の大量合祀と贈位ラッシュ

2　長州藩が主導した東京招魂社創建……31

大村益次郎が立案／長州藩の招魂場が源流／招魂場から招魂社へ／大村益次郎の合祀／戊辰戦争の追祀は八百柱／東京招魂社から靖国神社へ

II　「英霊」創出と排除の論理

1　井伊直弼と吉田松陰のそれから……46
大老の横死／吉田松陰の神格化／松陰とその弟子たちの合祀／横浜開港五十年祭と井伊銅像除幕式／明治末期の井伊の評価／藩閥側の反撃／桜田義挙五十年祭／井伊の復権はなされたか

2　水戸天狗党復権・顕彰の時代……63
千四百六十名の合祀／「逆賊」とされた天狗党／「逆賊」が一転…／天狗党非主流派の合祀／合祀されなかった天狗党殉難者／復権の下地となった履歴史料／鎮霊社の創建／却下された合祀申請／水戸殉難者顕彰の黒幕／維新の元勲と水戸藩／香川敬三と武田猛の連携／尊王攘夷の象徴、徳川斉昭に正一位／田中光顕による追贈／靖国に祀られた女性たち／水戸藩「十四烈女」の合祀

3　非合祀の群像……98
靖国に祀られざる人々／奇兵隊総管・赤禰武人の功罪／天狗党の異端・田中愿蔵の誕生／激動の青年時代／元治元年の相克／「愿蔵火事」とは／事件の動機と端緒／「愿蔵火事」の悪評／愿蔵終焉の地／愿蔵復権の動き／閉ざされた復権

4　重複合祀と変名問題……132

祭神名の「重複合祀」の闇／陸軍省の訂正告示／赤報隊の相楽総三、変名合祀の波紋／天保生まれは全体の四割／慰霊・顕彰の担い手も「同世代」／合祀者の階層分布／合祀者の五割が平民出身

Ⅲ　対外戦争時代の特別合祀

1　維新の勝者と敗者の融和……156

「特別を以て…」／朝廷・幕府側殉難者の救済策／同士打ちの寺田屋事件の前例合祀？／日清戦争後に拡大する合祀基準／戦病死者の特別合祀／日露戦争後の維新見直し運動／史談会による請願運動

2　第一次大戦中の特別合祀……174
旧会津藩士の屈辱／幕末の京都と会津藩の誇り／史談会の請願運動が奏功／会津藩士の合祀が遅れたのはなぜか／旧会津殉難者三十二名とは／維新後の松平容保一族／「忠誠神君」松平容保の嘆き／会津復権の国内的諸条件

3　第一次大戦後の特別合祀……193
フランス水兵士の記念碑建立／堺事件の発生／生き残り組の合祀請願運動／「堺事件」十一士復権の国際的環境

あとがき
参考文献

I　靖国の祭神とは何か

1　対外戦争の戦没者追悼施設なのか

幕末の「国賊」を祀る神社

靖国神社は明治二年（一八六九）六月、戊辰戦争の「官軍」（政府軍）側の戦没者を祀る「東京招《しょう》魂《こん》社《しゃ》」として東京の九段坂上（東京都千代田区）に創建されたが、もうひとつの大きな柱は幕末動乱期に天皇のために政治的に犠牲になった国事殉難者を合祀《ごうし》することにあった。東京招魂社が創建される以前、つまり嘉永六年（一八五三）のペリー来航から戊辰戦争が始まる前までの十五年間に国事運動に奔走し、命を落とした人々である。

いわゆる「維新前殉難者」とよばれる祭神であり、本書では「幕末殉難者」とよぶことにする。筆者の集計では、柱《はしら》と称される祭神数は二千九百柱前後にのぼる。二百四十六万柱余の祭神全体からみれば、ほんの一部でしかないが、その意味はきわめて重要である。

吉田《よしだ》松陰《しょういん》や高杉晋作（以上長州藩）、坂本龍馬（土佐藩）をはじめとする歴史ファンにおなじみの幕末の志士たちも祀られているが、これら維新前に死没した国事殉難者の合祀は、天皇を奉じる薩長両藩を中心に発足したばかりの新政権の正統性のよりどころとされたからである。

靖国神社（東京新聞提供）

靖国神社がつくられた実際の過程は、尊王攘夷《そんのうじょうい》を旗印に、欧米列強諸国から開国を迫られた江戸幕府に敵対し、幕府から「国賊」として処罰された犠牲者を、天皇のために亡くなった「国事殉難者」として祀ることにあった。

幕末の安政の大獄で処罰された九代水戸藩主の徳川斉昭《とくがわなりあき》（永蟄居《えいちっきょ》＝生涯幽閉、一八〇〇—一八六〇）やその側近だった安島帯刀《あじまたてわき》（切腹）、そして吉田松陰（死罪）や橋本左内《はしもとさない》（同）らは、伝統的な権威を重んじる幕府大老で彦根三十五万石領主の井伊直弼《いいなおすけ》（一八一五—一八六〇）ら譜代大名を中心とする幕閣にとっては幕府権力を否定する「国賊」であった。だからこそ、徳川斉昭らの激烈な攘夷思想と行動は、「幕府転覆の原点」と認識され、天皇の政府の実現に大きく貢献したと、幕末維新の勝者となった政治勢力に高く評価された。一方の井伊直弼はどうか、といえば、孝明天皇の攘夷の意向に逆らったから、靖国に祀られなかったのである。

明治維新によって、幕末期の「国賊」は「維新の功労者」に転化し、「官軍」だった会津藩士や新選組らは「賊軍」として切って捨てられた。戊辰《ぼしん》戦争以降の歴史過程だけでなく、幕末期の激烈な政争と内戦による死者も「官軍」と「賊軍」に選別することによって成立したのが「靖国祭神」の原点だった。

二つの太政官布告

靖国神社に祀られている祭神は、主として（一）幕末動乱期の政争や内戦で斃《たお》れた天皇側の国事殉難者、（二）明治初年の戊辰戦争以来の内戦と対外戦争での政府軍（「官軍」）の戦没者に大別される。

その根拠となったのは明治元年（一八六八）五月十日、まだ京都にあった新政府から発せられた二つの太政官《だじょうかん》布告、すなわち、「癸丑《きちゅう》以来唱《しょう》義《ぎ》精忠《せいちゅう》国事に斃《たお》るる者の霊魂を慰し東山に祠宇《しう》を設けて之を合祀せしむ」（『法令全書』第三八五）と「東山に一社を建て当春伏見戦争以来の戦死者の霊魂を祭祀せしむ」（同第三八六）であった。

この二つの布告について、春山明哲氏は『新編靖国神社問題資料集』に収録されている「靖国神社とはなにか―資料研究の視座からの序論―」で、前者を「殉難者布告」、後者を「戦死者布告」とよんでいる。前者の布告に「殉難者」という言葉こそ使われていないが、「国事に斃るる者」と表現しており、意味するところは同じである。したがって、本書でも便宜的に「殉難者布告」と「戦死者布告」とよぶことにする。

靖国神社の前身の東京招魂社が創建されたのは明治二年六月のことであるが、最初に合祀されたのは「戦死者布告」に基づく鳥羽伏見の戦いから箱館戦争に至る戊辰戦争の戦没者を中心とする三千五百八十八柱だった。以来、佐賀の乱、西南戦争、日清戦争、日露戦争、日中戦争と太平洋戦争……と、内戦と海外出兵の戦没者を中心に合祀されていくが、これは「戦死者布告」にある「向後《こうご》王事に斃れた者」、つまり今後も天皇と天皇の統率する軍隊のために戦死した者を速やかに合祀するという方針に沿ったものであり、これによって永続的な祭祀施設としての靖国神社が成立した。

太平洋戦争の祭神数は約二百十三万柱余と際立つが、これも「戦死者布告」の延長線上の合祀者にすぎず、対外戦争の戦没者を対象とする合祀は創建当初、想定されていなかった。

同神社では幕末殉難者と戊辰戦争の「官軍」側戦没者を合わせて「維新前後殉難者」と表記している。「維新前後殉難者」は「戦死者布告」と「殉難者布告」の双方に基づく合祀者が含まれている。

このため、靖国神社の分類では、戊辰戦争の「官軍」側戦没者は「戦死者布告」に基づくものでありながら、「維新前後殉難者」にも含まれることになるが、厳密にみれば、「殉難者布告」を根拠とする祭神とは区別しなければならない。

明治二年六月の第一回合祀祭で祀られた戊辰戦争関係の祭神は、戦死者ばかりでなく、病死者や自殺、死没年月日や死没場所、死因の不明者まで幅広く合祀されているが、明治七年八月の第二回合祀の佐賀の乱の合祀者は「官軍」側の戦死者が基本であり、戊辰戦争の祭神は、佐賀の乱以降の祭神の前例とはなっていない。

また、「殉難者布告」と「戦死者布告」では祭祀施設を京都・東山に設けることが念頭に置かれていたが、東京奠都《てんと》後の明治二年六月に創建された東京招魂社は東京・九段坂上に設けられることになり、そして、明治八年一月の太政官達《たつし》によって幕末殉難者も東京招魂社に集中合祀されることになった。

これは嘉永六年（一八五三）以来の殉難死節の者を「厚き思召《おぼしめし》」、つまり明治天皇の意思により東京招魂社へ合祀するというものであった。対象者についても「戊辰以前旧藩々に於て殉難死節の者」との文面から、合祀者は「殉難者布告」を受けたものであることが明白となったが、これにより国家として二つの布告の対象者をひとつの招魂社に祀るという方針が示されたのであった。

国事殉難者とは

「殉難者布告」に基づく祭神は、戊辰戦争以前の幕末動乱期に国事に奔走し、死没した国事殉難者が対象である。吉田松陰や橋本左内、清河八郎《きよかわはちろう》、高杉晋作、坂本龍馬らが有名であるが、これらの志士たちが靖国神社に合祀された理由は単純明快だった。天皇に忠義を尽くす勤王家だったことに加え、直接、間接を問わず討幕運動に貢献したということが一定の条件とみなされた。

「一君万民思想」を唱えた吉田松陰は、幕末期の偉大な思想家であったが、彼のつくった松下村塾の門下生であった高杉晋作や久坂玄瑞《くさかげんずい》らが討幕運動に大きく貢献したのは周知の通りである。坂本龍馬が薩長同盟を仲介し、「船中八策」を建言して三百年続いた江戸幕府に大政奉還を迫った功績も、仲間内ではよく知られた事実であった。

ただ、大久保利通や木戸孝允、伊藤俊輔（のちの総理大臣・伊藤博文）のように討幕派の志士たちであっても、維新後の生存者は合祀の対象外であったことは言うまでもない。

また、同神社に合祀されたのは、歴史ファンなら誰でも知っているような著名な志士たちばかりではない。その多くは天保年間生まれの十代から三十歳代を中心とする無名に近い若者たちで、出身階層も、士族に限らず、農民や商人、神職、郷医、僧侶、下僕など幅広い階層に及び、出身地も全国隅々に及んでいる。

祭神の死に方も戦死者に限らず、戦傷死や自刃、刑死、獄死、病死と幅広く合祀された。明文化された合祀基準はなかったが、基本的な対象者は、嘉永六年六月のペリー来航から戊辰戦争が始まるまでの十五年間に王事に尽くした諸藩出身の志士および草莽《そうもう》の有志としている。

また、「殉難者布告」では「名義を明かにし、皇運を挽回《ばんかい》せんとの至情より尽力する所、其《その》志実に可嘉《よみすべし》」と述べ、「殉難者」を「皇運の挽回」、つまり「大義名分を明らかにして、皇室の勢力回復のために尽力した志の高い者」と規定した。

これらの幕末殉難者を祀ることは発足したばかりの明治政府の正統性を内外に宣言する意味合いもあって、合祀者は「官軍」側の立場の者に限られた。このため、新政府は明治元年から再三にわたって、合祀対象となる殉難者の履歴調査と遺族調査を全国の府県に命じた。しかし、幕末殉難者は変名や偽名を用いて活動していた志士たちが多く、合祀対象者の人定作業などは遅々として進まず、明治七年（一八七四）の台湾出兵や十年の西南戦争の戦死者の合祀が優先された事情などもあって、幕末殉難者の合祀は大幅に遅れる。殉難者合祀が実現するのは、旧土佐藩の武市半平太《たけちはんぺいた》や坂本龍馬ら八十名が合祀される明治十六年が最初で、殉難者合祀が完了したのは、日中戦争が本格化する前の昭和十年（一九三五）四月だった。

安政の大獄と桜田門外の変

前述のように、靖国神社に祀られた幕末殉難者の対象期間の起点とされたのは、ペリー提督率いるアメリカ艦隊が浦賀に現れた嘉永六年（一八五三）であった。およそ二百五十年間にわたって鎖国政策を続けてきた江戸幕府が欧米列強諸国に開港を迫られた年が、内憂外患による「国難」の始まりと、幕末維新を生き抜いた新政府の高官たちに強烈に認識されていたからである。

しかし、嘉永六年から安政の大獄が始まる安政五年（一八五八）までの五年間に死没した幕末殉難者で靖国神社に合祀された祭神は、嘉永六年十二月、真木和泉《まきいずみ》らとともに久留米藩尊攘派の首領として活動しながら、反対派に疎まれ、藩政を混乱させたとして幽閉後、自刃した稲次因幡正訓や、吉田松陰とともに米国への密航を企てて幕府に捕縛され、国元（長州藩）の野山獄で安政二年一月に病没した金子重輔貞吉らわずか六人にすぎない。合祀対象者が急増してくるのは井伊直弼大老による安政の大獄が断行される時期からであった。

安政五年四月に幕府大老に就任した井伊は、第十三代将軍徳川家定の跡継ぎを家定の意をうけて紀州藩主の徳川慶福《とくがわよしとみ》（のちの十四代将軍家茂《いえもち》）と決定し、さらに朝廷の勅許を得ないまま日米通商修好条約に調印した。将軍継嗣問題で敗れた一橋慶喜《ひとつばしよしのぶ》（のちの第十五代将軍慶喜）擁立派は、違勅を理由に反発し、孝明天皇は譲位を表明して同年八月、徳川御三家の水戸徳川家に幕府の条約調印を非難する勅諚《ちょくじょう》を下した。「戊午《ぼご》の密勅」である。幕政改革を求める内容であったが、幕府を飛び越えて一藩に勅諚が下ることなど、幕府政治始まって以来のことであった。これに激怒した井伊大老は幕府の威信にかけて尊攘派の弾圧に乗り出した。安政の大獄の幕開けである。

彼は、水戸藩家老の安島帯刀《あじまたてわき》や京都留守居役の鵜飼吉左衛門《うかいきちざえもん》、越前藩士橋本左内、長州藩士吉田松陰、儒者頼三樹三郎《らいみきさぶろう》ら八名を死罪（切腹一名含む）に処したのをはじめ、有罪判決者は朝廷内の皇族、尊攘派の公卿《くぎょう》、堂上家家臣から、幕臣、諸藩の藩士、儒者、僧侶、農民、商人に至るまで七十名余に及んだ。これに先立ち、違勅を理由に井伊大老を激しく非難した水戸藩の前藩主（九代藩主）、烈公こと徳川斉昭に急度慎《きっとつつしみ》（謹慎）、尾張藩主徳川慶勝に隠居・急度慎、水戸藩主徳川慶篤《よしあつ》と一橋慶喜に登城禁止、福井藩主松平慶永《まつだいらよしなが》にも隠居・急度慎の処分が下された。

井伊大老が安政の大獄を断行したのはこのほか、①日米通商条約など諸外国との通商条約の締結という幕府政治に関する妨害となる思想と行動への処罰と弾圧、②十三代将軍徳川家定の将軍継嗣問題で紀州藩の家茂決定に対する一橋慶喜擁立派の行動への処罰、③朝廷における反幕府派の一掃と、親幕府派の代表者である関白九条尚忠《くじょうひさただ》を擁護するための朝廷内の反九条派の弾圧などの諸要因が絡み合っていた。

とりわけ、孝明天皇の勅諚が幕府より早く水戸徳川家に下った密勅降下を画策した尊攘派志士の弾圧が大獄に発展する引き金となった。罪状も逮捕者の取り調べに当たった幕府評定所（幕府の最高裁判所）の五手掛（寺社奉行、町奉行、勘定奉行、大目付、目付で構成）の決定より一段重い刑に処せられた。井伊大老の方針で、追放が遠島に、遠島が死刑に改められ、遠島が想定されていた橋本左内や吉田松陰が死刑となった。この二人の処刑は、その後の幕末政局へ大きな影響を与えることになるが、密勅降下事件とその後の密勅返納反対派の水戸藩士に対する幕府の弾圧は過酷を極めた。

その反動が、井伊大老に対する報復テロとなった桜田門外の変であった。幕府は事件の前年の安政六年（一八五九）六月、五カ国との通商条約に基づき、長崎、神奈川、箱館の三港を開港したが、開国路線を進めた井伊大老は、尊攘派の志士たちの暗殺の標的となり、万延《まんえん》元年（一八六〇）三月三日、桜田門外で水戸、薩摩藩の脱藩浪士ら十八名によって、斬殺された。これにより、幕府の権威は地に堕ち、諸藩の尊攘派志士たちの横断的な連携、いわゆる「処士横議《しょしおうぎ》」が活発化していくことになる。その後も英国仮公使館があった東禅寺襲撃事件や坂下門外の変などが続発する。

こうした一連の過程で、幕府によって「国賊」として処刑させられた吉田松陰や橋本左内、安島帯刀ら諸藩の志士たちをはじめ、「戊午の密勅」の返納反対運動に殉じた水戸藩士らが、のちに明治政府によって合祀される幕末殉難者の初期の人々だった。合祀は明治二十年代以降となるが、いわゆる「戊午以来」とよばれる国事殉難者である。

元治元年の争乱

ただ、靖国神社に祀られた幕末殉難者の全体からみれば、死没時期で圧倒的に多かったのは、現在から百五十年前の元治元年（一八六四）とそれ以降の三年間だった。

この年の主な事件をみると、三月末に水戸藩の尊王攘夷急進派（激派）の藤田小四郎《ふじたこしろう》らが幕府に攘夷の実行を迫る天狗党《てんぐとう》の乱が起き、六月五日には、京都の池田屋に集まって謀議を交わしていた長州藩や熊本藩などの尊攘派志士が、新選組に襲われ、鎮圧される池田屋事件があり、七月十九日には長州藩が同藩主の名誉回復を求めて京都御所に攻め入る禁門の変が勃発した。長州軍は敗れ、孝明天皇は幕府に朝敵長州藩の追討を命じ、同年八月には、英、仏、蘭、米の四国連合艦隊が前年の長州藩による砲撃事件への報復として長州藩の下関を攻撃する事件も起こる。日本中が争乱のるつぼと化す多事多難、まさに内憂外患の国難の年であった。

開国か攘夷か、佐幕か尊王か。公武合体か討幕か。実際の歴史の過程はこのような単純な図式ではなかったにせよ、欧米列強による半植民地化の危機が進行する中、日本の針路をめぐって、幕末最後の内戦に突入したのが元治元年だった。

徳川斉昭の七男で幕府最後の十五代将軍である水戸藩出身の徳川慶喜が政権を朝廷に返上（大政奉還）し、王政復古による明治維新が幕を開ける三年前のことである。

この年の内戦が原因で戦死もしくは自刃、病死、刑死・獄死（翌年以降も含む）した人たちで、のちに靖国神社に合祀された国事殉難者は千七百名以上にのぼった。しかし、禁門の変では京都御所を守って「官軍」としての務めを果たした会津や薩摩、桑名、彦根、福井など諸藩の戦死者は当初、合祀されることは全く念頭に置かれていなかった。第三章で詳しく述べるが、禁門の変で没した会津藩士ら六十名が合祀されたのは天皇の代替わり後となった大正期に入ってからであった。

幕末の祭神は二千九百柱

ところで、幕末殉難者とよばれる祭神は靖国神社にどれくらい祀られているのであろうか。『靖国神社百年史』（同神社発行、一九八三年）によると、「維新前後殉難者」とよばれた祭神は七千三百九十九柱にのぼる。

前述の通り、「維新前後殉難者」とは嘉永六年（一八五三）のペリー来航に始まる幕末動乱期から戊辰戦争終結に至る明治維新前後の国事殉難者と戊辰戦争の「官軍」側戦没者を合わせた総称である。『靖国神社誌』（同、一九一一年）の祭神内訳の項目をみると、明治四十四年（一九一一）時点の合祀年月日別に「陸軍・海軍」、「陸軍軍属其他・海軍軍属其他」と並んで「維新前後殉難者」という表記が使われている。

では、「維新前後殉難者」という言葉は官報でいつごろから使われるようになったのか。「維新前後殉難者」という表記は、明治二十二年十一月五日に合祀された旧宇都宮藩士に関する陸軍省告示が最初である。「維新前後殉難者旧宇都宮藩士廣田精一以下四十二名左記の人名今般靖国神社へ合祀被仰出候に付」とある。

それ以前は、前年五月に合祀された山口（旧長州）藩士は「嘉永癸丑以来殉難死節」、同年十一月の久留米藩士については「維新前殉難死節」、そして明治二十二年五月の水戸藩士や鹿児島（旧薩摩）藩士、大村藩士等も「維新前殉難者」となっている。

明治二十二年十一月の宇都宮藩士の合祀の前までは、「維新前後殉難者」と区別して、「癸丑以来殉難死節」や「維新前」という表記を使っている。「維新前」とは、嘉永六年の干支《えと》である「癸丑」以来、つまりペリー来航以来の国事殉難者を指すことは言うまでもない。

それでは、維新前後の「後」はいつまでなのだろうか。

愛知県公文書館に所蔵されている明治二十三年の同県庁文書自明治二十二年至明治二十七年「招魂社綴」の関係資料によれば、「維新前後」の表記の下に「嘉永癸丑より明治己巳《きし》まで」（庶内第一〇九号）とある。明治己巳とは、明治二年であることから、「維新前後」の範囲はペリー来航から箱館戦争が終わる明治二年となるだろう。

「維新前殉難者」との表記が明治二十二年十一月の宇都宮藩士の合祀から「維新前後殉難者」と「前後」に変わったのはなぜか。

この半年前に「維新前殉難者」として合祀された水戸藩の合祀者千四百六十名の中に、戊辰戦争関係の合祀者十一名が含まれていることがのちに判明したため、宇都宮藩士の合祀から官報の表記も厳密になった可能性もある。

横道にそれたが、次に合祀の過程を概観しておこう。

「維新前後殉難者」の合祀は表1の通り、戊辰戦争の「官軍」側戦没者が祀られた明治二年（一八六九）の第一回合祀から、旧二本松藩士の三浦権大夫《みうらごんだゆう》が合祀された昭和十年（一九三五）の第

表1　維新前後殉難者の年次ごとの合祀推移

合祀祭	合祀年月	合祀柱数	備　考
第1回	明治 2・ 6	3588	戊辰戦争の「官軍」側戦没者
第11回	12・ 6	2	米沢藩士2人
第13回	16・ 5	80	高知藩の坂本龍馬ら
第14回	17・11	29	山口藩の諸隊反乱軍鎮圧の戦没者
第16回	21・ 5	606	山口，高知両藩の幕末殉難者
第17回	11	18	久留米藩の真木和泉ら
第18回	22・ 5	1460	水戸藩と宍戸，松川両藩士民
第19回	11	61	宇都宮，薩摩，小浜藩士ら
第20回	24・11	1272	43府県（諸藩）の殉難者ら
第21回	26・11	80	14府県（諸藩）の殉難者ら
第23回	29・ 5	1	千葉県の殉難者竹内哲次郎
第25回	31・11	2	対馬藩士の平田大江，主米
第28回	33・ 5	2	薩摩藩士の相良頼元，新八郎兄弟
第39回	大正 4・ 4	62	禁門の変の朝廷・幕府側戦死者ら
第41回	9・ 4	17	大村益次郎，堺事件の11士ら
第43回	14・ 4	84	山口，福山，秋田藩士ら
第44回	15・ 4	6	金沢藩士ら
第45回	昭和 4・ 4	15	赤報隊の相楽総三や伊東武明ら
第47回	8・ 4	13	幕長戦争の浜田藩士の戦死者
第49回	10・ 4	1	二本松藩士の三浦権太夫義彰
計20回		7399	

年次ごとの合祀は，『靖国神社百年史』などに基づき作成した。

四十九回合祀まで計二十回行われた。

そのうち幕末殉難者を対象もしくはそれを含む合祀は計十六回にのぼるが、幕末殉難者だけを合祀したのは六回で、残り十回は幕末殉難者と戊辰戦争の「官軍」側戦没者などが混在したまま合祀されている。

「維新前」「維新後」の区別

しかし、幕末殉難者と戊辰戦争の官軍側戦没者とでは前述の通り、合祀の対象・基準・範囲などの点で異なる特徴があり、そもそも一括りで分類することに無理があった。

また、「維新前後殉難者」の死没時期を示す「維新前」と「維新後」、つまり祭神の内訳自体明確になっていない。さらに、合祀された殉難者の出身別階層をはじめ、死没時の状況（死因）や年齢別構成、府県別・旧藩別の合祀状況などの全体像も、ほとんど明らかになっていないのである。

ただ、解明の手がかりはなくはない。陸軍省と海軍省の大臣官房が監修し、靖国神社が編集・発行した『靖国神社忠魂史』（一九三三―三五年、以下『忠魂史』という）という書物がある。嘉永六年から昭和七年（一九三二）の上海事変までの殉難者、戦没者計約十二万八千名余の全祭神の索引が付いており、祭神がいつ、どのような事件で亡くなったかがわかる便利な文献資料である。

表2は、同神社の臨時合祀祭前に陸軍省告示などで発表された合祀予定者の人名と『忠魂史』を基

表2　維新前後殉難者の合祀状況とその内訳

合祀祭	合祀年	維新前	戊辰戦争	その他	未詳
第1回	明治 2・ 6		3588		
第11回	12・ 6			2	
第13回	16・ 5	79	1		
第14回	17・11			29	
第16回	21・ 5	537	25	1	43
第17回	21・11	18			
第18回	22・ 5	1449	11		
第19回	22・11	38	23		
第20回	24・11	549	711		12
第21回	26・11	33	47		
第23回	29・11	1			
第25回	31・11	2			
第28回	33・ 5	2			
第39回	大正 4・ 4	62			
第41回	9・ 4	2	1	14	
第43回	14・ 4	74	10		
第44回	15・ 4	6			
第45回	昭和 4・ 4	12		3	
第47回	8・ 4	12		1	
第49回	10・ 4		1		
合　計	7399	2876	4418	50	55

『靖国神社忠魂史』と官報，太政官達などを基に集計，作成した。

に、筆者が維新前後殉難者を対象とする祭神を①維新前（幕末）殉難者、②戊辰戦争の「官軍」側戦没者、③その他（①と②に含まれない）の三通りに分類し、年次（合祀年）ごとの合祀内訳をまとめたものである。

分析の結果は次の通りであった。

（一）幕末殉難者＝二千九百名弱、（二）戊辰戦争の官軍側戦没者＝四千四百名超、（三）その他＝五十名、（四）不明者＝五十五名。

幕末殉難者とはカテゴリーが異なる戊辰戦争の戦没者中心とする祭神は四千四百柱余であった。

幕末殉難者や戊辰戦争の戦没者にも含まれない「その他」の祭神は、筆者の集計では五十名となった。合祀者が最も多かったのは、明治三年（一八七〇）二月、山口藩の常備軍編成に伴い、解散させられた旧長州藩諸隊の反乱軍鎮圧に当たって戦没した山口藩兵の二十九名だった。次いで、明治新政府が「開国和親」に転じた直後の明治元年二月十五日、堺港を警備中、フランス水兵に発砲した堺事件の責任を問われて明治新政府に切腹を命じられた旧土佐藩士（高知藩士）の箕浦猪之吉《みのうらいのきち》ら十一名だった。このほか、明治二年九月に京都・木屋町の旅館で遭難にあった負傷がもとで死亡した大村益次郎ら二名、明治元年の偽官軍事件で処刑された赤報隊隊長の相楽総三《さがらそうぞう》ら二名、「官軍」入り直後に「賊軍」に斬殺された旧米沢藩士二名、第二次幕長戦争や鳥羽伏見の戦いで幕府軍に味方した責任を一身に背負い、明治元年四月、京都で自決した旧浜田藩家老尾関隼人《おぜきはやと》らがこれに該当する。

このうち、戊辰戦争終結後に死没したのは、諸隊反乱鎮圧に当たった山口藩兵二十九名に大村益次郎らを加えた計三十一名だった。山口藩兵二十九名の合祀は、同藩出身の高官であった木戸孝允自ら軍隊を率いて鎮圧に当たっており、本来ならば、佐賀の乱に連なる「戦死者合祀」の対象に加えた方がふさわしいように思える。また、米沢藩士の二名の死没時期は、米沢藩が「賊軍」から「官軍」に寝返った直後で、戊辰戦争中に仙台藩士らによって斬殺されたことから、戊辰戦争関連の追加合祀とみる見解もあるが、結論を保留として便宜上、「その他」に含めた。

さらに、大村益次郎に至っては初代兵部大輔を務めた軍の最高首脳とはいえ、新政府高官で明治初期に同じように暗殺されながら、合祀されていない横井《よこい》小楠《しょうなん》や広沢真臣ら他の殉難者とのバランス上も突出した印象は否めない。

「不明」とあるのは、官報に告示された合祀予定の人名と、『忠魂史』に記された祭神名が一致しないケースで祭神名が特定できない人たちである。『忠魂史』の人名の記載に誤植が少なくないことに加え、陸軍省告示などの官報に掲載された人名にも変名や偽名のほか、誤字・脱字などが多く、昭和十年に発行され、訂正後の人名が記載されていた『忠魂史』の人名と一致しないことなどが主な要因とみられる。

こうした「迷い児」のように人名が特定できない祭神の存在の背景については、第二章第四節であらためて取り上げるので、ここでは「不明者」とするにとどめる。ただ、「不明者」全員が幕末殉難者だったとしても、幕末殉難者の祭神総数は二千九百名前後で、三千未満であることに変わりはない。

祭神数トップは水戸藩

表3は、陸軍省告示など官報に発表された合祀者の人名と『忠魂史』を基に、幕末殉難者の旧藩別合祀者数ベスト5を、筆者が集計したものである。

旧藩別の出身地で最も多くの祭神を出したのは、討幕の主力となった長州藩や薩摩藩ではなかった。「天下の副将軍」ともよばれた徳川御三家の一つである水戸藩だった。支藩（親類）の宍戸《しど》、松川両藩を含む水戸藩出身の祭神数は約千五百柱と、幕末殉難者を対象とする祭神全体の半数にのぼった。実に二人に一人は水戸藩出身者であった。

ちなみに、討幕運動の原動力となった長州藩の合祀者は七百五柱と、水戸藩の半分にも満たなかった。長州藩に次いで祭神数が多かったのは、対馬藩の八十八柱、土佐藩の八十四柱、薩摩藩の七十八柱の順だった。

水戸藩出身者の合祀がかくも多いのはなぜか。

表4は、水戸藩士民が関係した事件別の合祀状況を集計したものである。これをみれば、同藩出身者がいかに幕末史を彩る数々の事件に関与していたかがわかると同時に、同藩士民の合祀者がきわだって多い要因も歴然である。

合祀者が千三百柱以上と天狗党の乱の参加者が突出して多いからである。

天狗党の乱は元治元年（一八六四）三月、同藩の尊攘激派で藤田東湖《ふじたとうこ》の四男の藤田小四郎《こしろう》らが幕府に攘夷の実行を迫り、自らも攘夷の先頭に立つことを企てて決起した衝撃的な事件であった。

天狗党とは、天保年間（一八三〇―四四）に水戸藩の門閥派が下級藩士の多い改革派を「自分の才能を過信する成り上がり者が調子に乗って『天狗』になっている」とさげすんで呼んだことが起源とされる。水戸藩九代藩主、徳川斉昭を中心とする改革派が「義勇の志ある者のかへ名」として「天狗」を自称したという説もある。改革派とは、斉昭が主導した天保期の水戸藩の藩政改革を担った藤田東湖ら下級藩士を指す。

ただ、天狗党といっても、藤田東湖の死後、「激派」と「鎮派《ちんぱ》」の二派に分かれていた。「激派」と

表3　幕末殉難者の旧藩別合祀者数ベスト5

順位	藩　別	合祀数（柱）
1	水戸藩	1479
2	山口藩	705
3	対馬藩	87
4	高知藩	84
5	鹿児島藩	78

表4　水戸藩士民の事件別合祀者数

事件名	合祀者数（柱）
安政の大獄	4
桜田門外の変	23
東禅寺事件	12
坂下門外の変	5
天誅組の変	1
生野の変	2
天狗党の乱	1381
その他	51
合　計	1479

天狗党の乱の参加者には，水戸藩の親類である旧宍戸・松川両藩の藩士ら計68人も含む。

は尊攘激派のことで、安政五年（一八五八）八月、朝廷から水戸徳川家に下された「戊午の密勅」返納反対派である。藤田小四郎や、桜田門外の変などを起こした金子孫二郎や高橋多一郎らだった。「鎮派」とよばれたのは、密勅を幕府でなく、朝廷に返納することを主張した会沢正志斎《あいざわせいしさい》を中心とする尊王攘夷穏健派の人たちである。これに対し、天狗党に対抗して同年五月、水戸藩の門閥派の上級藩士を中心に発足する武力組織が諸生党《しょせいとう》である。水戸藩士の子弟が学ぶ藩校である弘道館の書生（学生）が多かったことが、その由来ともいわれる。

諸生党は時には「鎮派」と連合することもあったが、「激派」とは激烈な藩内抗争を繰り広げ、両派合わせて三千人以上が死没し、同藩出身者で維新後に新政府に登用された高官は皆無に近い状況を招いた要因とされる。天狗党については第二章第二節で詳しく述べる。

長州・薩摩藩の殉難者

幕末殉難者の祭神で水戸藩に次いで二番目に多かったのは長州藩出身者で、合祀回数は七回と旧藩の中で最も多かった。

このうち合祀者数が最も多かったのは明治二十一年（一八八八）五月の六百一名であった。主な顔ぶれは、安政の大獄で処刑された吉田松陰や奇兵隊を創設して幕長戦争（長州藩側は「四境戦争」と呼ぶ）を勝利に導いた高杉晋作、池田屋事件で新選組に襲われて闘死した吉田稔麿、禁門の変（蛤御門《はまぐりごもん》の変）で戦没した久坂玄瑞《くさかげんずい》や入江九一《いりえくいち》ら吉田松陰の門下生をはじめ、幕長戦争や四カ国連合艦隊との交戦の戦没者、長州藩内の内訌《ないこう》戦の「正義派」の犠牲者などであった。

特筆されるのは、水戸藩と二番目に祭神数が多かった長州藩を合わせると、祭神数は全体の七割を超えたことであろう。

幕末の政局転回を決定づけた軍事同盟といえば、慶応二年（一八六六）二月の「薩長同盟」が有名であるが、実はその六年前に水戸藩と長州藩の有志の間で「成破《せいは》の盟約」が交わされていた。「丙辰丸《へいしんまる》の盟約」ともよばれる盟約は万延元年（一八六〇）七月十九日、品川沖に停泊中の長州藩の軍艦「丙辰丸」（艦長・松島剛蔵）内で、同藩の桂小五郎（のちの木戸孝允）、松島剛蔵と水戸藩の西丸帯刀、岩間金平らとの間で結ばれた。

高杉晋作

丙辰丸に乗り込んだ西丸帯刀は「今為すべきことは、二件に止まる。一は破で一は成である。破とは第二の桜田事変を起こすか、あるいは横浜の外人を鏖殺することである。成とはその騒ぎに乗じて幕府に建言して正義の侯伯を要路に立てて政治を刷新することである。貴藩はどちらが難しいと思われるか」と問い、桂や松島が「破の方がむずかしかろう」と答えると、西丸は「では我が藩が破に当たろう。貴藩はよろしく成をなされよ」と述べた（小野寺龍太『幕末の魁《さきがけ》維新の殿《しんがり》』）という。

この同盟は桜田門外の変後の世情騒然とした中で両藩の尊攘派が手を結んだものであったが、両藩を代表する責任者同士の盟約ではない。しかも、幕府要人や外国人を襲撃する「破」の役割を水戸藩が担い、それに乗じて長州藩が幕政改革を果たすという水戸藩にとって分の悪い同盟であったが、その後の幕末史はこの盟約通りの展開となる。とりもなおさず、水戸藩の尊攘激派はこの盟約に基づき、体制破壊に突き進んだ。この結果、実におびただしい犠牲者を生み、水戸藩は維新前に人材が枯渇した。その水戸藩の多大な犠牲と恩義に報いたのが、二十数年後の水戸藩士民への大量の靖国合祀と位階の追贈（贈位）だった。

薩摩藩は長州藩とともに討幕派の主力だったが、幕末殉難者の合祀者は決して多くない。同藩は水戸藩や長州藩のような藩内抗争が少なく、幕末・維新の過程で西郷隆盛や大久保利通らの指導力によって一致結束して公武合体から武力討幕へ展開したからであった。

明治二十四年（一八九一）には、慶応三年（一八六七）十二月の江戸薩摩藩邸焼き討ち事件や文久三年（一八六三）七月の薩英戦争の犠牲者約五十人が追加合祀されているが、これ以外では二年前に合祀された、有馬新七ら寺田屋事件関係者や桜田門外の変で同藩出身者から唯一、井伊大老襲撃に加わった有村次左衛門らが有名である。

寺田屋事件では、島津久光の命令で「上意討ち」となった有馬らと刺し違えて闘死した道島五郎兵衛ら二名が、有馬の合祀から二十六年後の大正四年（一九一五）に合祀された。また、同年には、禁門の変で長州軍の攻撃から御所を守って戦死した野村勘兵衛ら薩摩藩士七名も合祀されている。
対馬藩（のちの府中・厳原藩）の合祀者が長州藩に次いで多かったのは、「対州の内訌」と呼ばれた尊王攘夷派と佐幕派による激烈な藩内抗争で犠牲になった大浦教之助ら尊攘派の同藩士が大量合祀されたためであった。

合祀第一号は土佐藩の坂本龍馬ら

幕末殉難者の合祀第一号となったのは、明治十六年（一八八三）に合祀された土佐藩（高知藩）士の武市半平太《たけちはんぺいた》や坂本龍馬、中岡慎太郎、吉村寅太郎ら八十名だった。

このうち同藩士の上田宗児《うえだそうじ》は明治元年一月三日の鳥羽伏見の戦いでの戦死者のため、同藩出身の幕末殉難者で合祀されたのは五年後の明治二十一年の追加合祀の五人を含めて八十四人だった。旧藩別の合祀者では四番目の多さであるが、うち八十三人は武市半平太を領袖とする土佐勤王党出身者だった。

明治政府は明治八年（一八七五）一月、京都・東山の招魂社をはじめ全国各地の招魂社に祀られていた幕末期の国事殉難者を東京招魂社に合祀する方針を決定、同年一月十二日付の太政官達で内務省

坂本龍馬

に合祀者の姓名の調査、各府県にその履歴の調査を命じていた。しかし、各府県の調査はなかなか進展しなかった。そんな中、高知県では明治十年時点で浜田八束ら地元有志が顕彰すべき八十名のリストアップを終え、明治十三年九月、同県の北垣国道《きたがきくにみち》県令に靖国神社への合祀請願書を提出していた。請願書は県を通じて内務省に進達され、翌年五月二十七日、三条実美《さんじょうさねとみ》太政大臣が陸海軍省へ「八拾名今般靖国神社へ合祀仰せ付けられ候」と通達し、八十名は明治十六年五月に合祀された。

合祀が二年間も放置されていた理由については、陸軍省の反対や松方デフレ下での祭典経費問題の影響なども指摘されるが、幕末殉難者の合祀第一号が薩長両藩出身者ではなく、土佐藩出身者、しかも郷士クラスの下級士族中心の土佐勤王党出身者だったことは注目される。

土佐勤王党の殉難者らの履歴がはっきりしていたことに加え、生き残った人々が早くから同志の熱心な顕彰運動を進めていたこともプラスに働いた要因とみられる。また、土佐勤王党の最高指導者だった武市半平太に切腹を命じるなど土佐勤王党を弾圧した前藩主の山内容堂《やまうちようどう》が明治五年に病没し、旧藩内で合祀を妨害する存在がいなくなった事情も無視できない。こうした藩内事情に加え、明治十四年の政変後の政治情勢も無関係ではなかった。薩長藩閥政府批判や自由民権運動の高まりの中、土佐勤王党出身者をいち早く顕彰することによって、民権派リーダーで同藩上士出身の板垣退助らの動きを分断する狙いや、陸海軍省の軍備増強に当たって土佐藩出身の軍人の谷干城《たにたてき》らの協力取り付けを画策していた旧長州閥の山県有朋ら軍首脳の思惑も指摘されるからである。

また、合祀された八十名の死因は戦死者だけなく、坂本龍馬や中岡慎太郎のように暗殺されたり刑死、獄中病死、自刃、病死、溺死に至るまであらゆる死に方が対象となった点も見逃せない。死因で最も多かったのは刑死の三十二名で、次いで自刃十六名、戦死十一名などの順で、病死も三名、溺死も一名いた。生き残った人たちが、かつての同志や仲間を一人でも多く合祀しようと結束力を示した一例でもあろう。土佐藩の合祀は「殉難者合祀」の第一号であっただけに、その後の殉難者合祀に一定の影響を与える前例となった点は注目される。

明治二十年代の大量合祀と贈位ラッシュ

幕末殉難者の靖国神社への合祀は、天皇大権を定めたアジアで最初の欽定《きんてい》憲法である大日本帝国憲法（明治憲法）が発布された明治二十二年（一八八九）前後にそのピークを迎えた。

前年の五月には、長州藩士民六百一名に土佐藩士五名を加えた六百六名が合祀され、明治二十二年五月には水戸藩出身者千四百六十名が合祀された。さらに、全国の四十三府県の千二百七十二名が合祀された明治二十四年十一月には、五百名を超える幕末殉難者が祀られた。

明治維新から二十年余を経て明治憲法が発布された明治二十二年二月十一日は、国中が祝賀ムード一色に包まれた。

特に、庶民の注目を集めたのは十二年前の西南戦争で「朝敵」の汚名を着せられた、国民的英雄の西郷隆盛の名誉回復だった。明治憲法発布の当日には、「第一維新の元勲にして而して賊名を負いたる」（東京朝日新聞）西郷隆盛に正三位が復位追贈され、西郷の復権に歓喜する声が巷《ちまた》にあふれた。

また、この日の西郷の名誉回復に合わせて、「維新の功労者」として、藤田東湖（水戸藩）、佐久間《さくま》象山《しょうざん》（松代《まつしろ》藩）、吉田松陰（長州藩）の三人にも正四位が贈られた。

贈位は古代から行われているが、故人の功績や遺徳を顕彰する意味で、死後に位階を贈ることである。明治になると、幕末・維新期に尊王攘夷派として活動して命を落とした者や国家に功労のあった者などに位階が贈られるようになる。

前年に合祀された吉田松陰を除く三人（西郷を含む）は靖国神社に祀られることはなかったが、幕末の尊王攘夷運動の総本山である水戸藩の理論的指導者として全国の志士たちに慕われながら、安政二年（一八五五）の安政の大地震で圧死した藤田東湖の追贈の意味は大きかった。

この二年後には、久坂玄瑞、高杉晋作、武市半平太、坂本龍馬、中岡慎太郎ら二十九人に正四位が贈られるなど、幕末殉難者の贈位ラッシュも本格化するが、水戸藩の戸田《とだ》忠太夫《ちゅうたゆう》（東湖と同じく安政の大地震で死去）や「新論」の著者で知られた会沢正志斎、安政の大獄で刑死となった安島帯刀の三人にも同じく正四位が追贈された。同藩を代表する志士たちも、維新を主導した薩摩、長州、土佐の三藩、いわゆる「薩長土」の志士たちと肩を並べる維新の功労者の仲間入りを果たしたのであった。この前後から、「薩長土」に水戸藩を加えた四藩は「勤王四藩」とよばれるようになる。

また、明治憲法発布の大赦令に伴い、福島事件で禁獄となっていた河野広中《こうのひろなか》や大阪事件の大井憲太郎ら自由民権運動活動家五百四十人が釈放されるとともに、維新後に「朝敵」の汚名を着せられた国事犯の人々にも一定の配慮が示された。

西郷隆盛ら士族の反乱の首謀者が賊名を解かれた根拠は、明治憲法発布に伴う勅令第十二号で、明治十三（一八八〇）年に制定された旧刑法の内乱罪（同百二十一、百二十三、百二十五条）、大逆罪（同百十七、百十九条）などの条項も大赦の対象となったからであった。

勅令第十二号第二条で「旧法に依り処断せられたる罪と雖も其性質前条に記載したる罪と同一なる者は之を赦免す」と定めており、旧刑法制定以前に起きた西南戦争の西郷をはじめ士族の反乱で処刑された国事犯の江藤新平《えとうしんぺい》（佐賀藩士、元参議）、前原一誠《まえはらいっせい》（長州藩士、兵部大輔）らは、旧刑法の内乱罪などを準用して大赦の対象となった。

ただ、江藤新平や前原一誠への復位追贈が第一次世界大戦中の大正五年（一九一六）であることを考え合わせると、西郷隆盛の扱いは別格だった。明治天皇は西郷の賊名を解いただけでなく、正三位を追贈するとともに、明治三十五年（一九〇二）、公爵に叙せられた徳川慶喜とともに西郷の長男寅太郎を侯爵に叙して華族の一人に加えたのである。

朝敵の汚名をそそぐことと、個人顕彰である位階を追贈することは本来、別個の問題であったが、西郷への追贈や家族の優遇は、薩長藩閥政府内でのパワーバランスが色濃く投影された。

幕末殉難者の合祀や贈位が明治憲法発布後に集中したのはやはり特筆すべき事実であった。

このことは、明治維新から二十年を経た国家の安定期に入って、幕末動乱期に国事に斃れた殉難者を維新の功労者として、国家が顕彰する体制を整えたことを意味した。

憲法発布や国会開設を機に幕末殉難者の顕彰事業に一区切りをつけ、今後は挙国一致で海外戦争に備える。このことが当時の薩長藩閥政府の重要課題となっていたのである。

日清・日露戦争を経て靖国神社は「軍人の社《やしろ》」としての性格を強めていくが、明治憲法が発布された当時は、明治維新の功労者の顕彰に合わせ、維新前後に賊名を負いたる人々にも家名再興を認めるなど、一定の配慮を示して維新の敗者との和解・融和をめざす「維新清算」の第一段階だった。

2　長州藩が主導した東京招魂社創建

大村益次郎が立案

靖国神社の前身の東京招魂社の創建に深く関わった中心人物といえば、長州藩出身で日本陸軍の創始者とされた大村益次郎をおいてほかにいない。

大村は、幕末の第二次幕長戦争に際し、藩の軍制改革をリードし、西洋兵学を積極的に導入し、農民や商人、職人などを主力とする新しい軍隊を創出した。すでに奇兵隊などで実力を発揮した民兵組織である。また、戊辰戦争でも、長州藩兵を中心とする政府軍をひきいて、彰義隊との上野戦争をはじめ東北、箱館などの戦闘で最高指揮官をつとめた。明治初期、軍務を統括した兵部省で兵部大輔（次官）として新政府の軍政の確立に尽力した。

東京奠都後の明治二年（一八六九）三月、東京招魂社の建設構想は具体化に向けて動きだしたが、社地の選定から仮殿の造営、要員（社司）の採用に至るまで東京招魂社の創建を主導したのは大村だった。

社地の候補地は当初、上野や赤坂の江戸見坂上が有力視されていた。上野案は、上野の焼け跡を通りがかった木戸孝允の「此土《この》地を清浄して招魂社と為さんと欲す」（『木戸孝允日記』）との意向を踏まえて検討されたが、大村は自らが指揮した彰義隊との戦闘の跡が生々しい上野を「亡魂の地」として敬遠し、九段坂上を選定した。

社地に選ばれた九段坂上は、東京（江戸）城の乾《いぬい》（北西）に位置する良地であることもその理由だったが、もともとは「三番町元歩兵屯所跡」とよばれた幕府の歩兵調練場跡地で周囲に旗本屋敷が立ち並ぶ地域であった。大村がこの地を選んだ理由について、村田峰次郎の『大村益次郎先生事蹟』（マツノ書店、一九一九年）に、次のように記されている。

はじめて招魂社を造る際、上野という説が多かったが、大村が番町にきめた。番町は旗本屋敷ばかりであったから、維新後は旗本がいなくなり、不便なところなので、人が住むのを嫌うような有様《ありさま》であったが、そこを選定したのである。江戸は大名屋敷が多く、何でも下町でなければ需要に応じられぬようになっている。（略）招魂社を建てるには眺望もよいし、下町と平均を取ることにもなるから、番町にするという意見であった。

こうして社地が決定し、六月十二日に実測したが、面積は三十三ヘクタールという広大なものだった。現在の靖国神社の敷地の三倍にも及び、富士見町一丁目、二丁目、三丁目、一番町および飯田町一丁目の一部も含まれていた。同十九日に起工し、まもなく仮本殿と約五十平方メートルの拝殿が竣工した。

大村益次郎銅像（東京新聞提供）

落成をみた東京招魂社では同二十八日、鳥羽伏見の戦いから箱館戦争に至る戊辰戦争の「官軍」側戦没者三千五百八十八名の招魂式（第一回合祀祭）が行われた。翌二十九日から七月五日にわたる祭典では軍務官知官知事の仁和寺宮《にんなじ》嘉彰《よしあき》親王（のちに小松宮彰仁《あきひと》親王）が祭主、軍務官副知官知事の大村が副祭主を務めた。

しかし、その大村も関西の軍事施設の巡回視察のため、京都・木屋町の旅宿に滞在中の九月四日、神代直人《こうじろなおと》らのテロリスト集団に襲われて重傷を負い、十一月五日に没した。東京招魂社が創建されてから、わずか四カ月後であった。

それから二十三年後の明治二十六年（一八九三）二月、靖国神社の社域に大村益次郎の銅像が建立された。司法大臣などを歴任した長州藩出身の山田《やま だ》顕義《あきよし》らが発起人を務め、銅像の原型は大熊《おおくま》氏広《うじひろ》が彫刻し、東京小石川の砲兵工廠で鋳造された。東京で最初の銅像であり、靖国神社の新名所として話題となった。

長州藩の招魂場が源流

大村益次郎が東京招魂社創建の主役を務めたのは、幕末期から招魂祭を営む招魂場が設けられていた長州藩出身者であったことと密接な関連があった。幕末期には後醍醐天皇に忠義を尽した鎌倉時代から南北朝時代の武将楠木正成を崇拝する楠公祭《なんこうさい》が流行し、各地で催されていたが、東京招魂社の創建は尊攘派志士たちの招魂祭にルーツがあった。

『靖国神社誌』によると、文久二年（一八六二）十二月二十四日、京都・東山の霊山《りょうぜん》の一角にあった霊明舎で、津和野藩士の福羽美静《ふくばびせい》や古川躬行《ふるかわみゆき》ら六十六名が参列して安政の大獄以来の国事殉難者の招魂祭が催されたことが、靖国神社の起源とされる。翌年七月には、福羽らが集まり、京都祇園社内に小祠《しょうし》を建て、安政の大獄で落飾《らくしょく》（髪をそり落として出家すること）されたまま、没した前内大臣の三条《さんじょう》実万《さねつむ》や徳川斉昭《とくがわなりあき》をはじめ、安政の大獄で処刑された吉田松陰や橋本左内、桜田門外の変の水戸藩尊攘派の志士ら六十四名の殉難者の霊を祀り、弔祭を挙行した。

この小祠は幕府の嫌疑をおそれ、のちに福羽邸に移され、さらに靖国神社に上納され、同神社の元宮となった。

福羽美静らが安政の大獄以来の国事殉難者を追悼する招魂祭を催したのは、孝明天皇による国事殉難者の招魂弔祭の実施を命じる勅諚《ちょくじょう》にこたえたものであったが、この勅諚は長州藩主毛利敬親《もうりたかちか》による朝廷への建言が端緒だった。これを受け、朝廷は、毛利定広《さだひろ》（のちの元徳《もとのり》、敬親の養子）に江戸下向を命じ、文久二年八月、この勅諚を幕府に伝達した。これを受け、幕府も同年十一月、安政の大獄以来の尊攘派の囚人を赦免し、刑死者や獄死者の罪名を解き、墓を建てることを許した。また、三条実万には右大臣を、徳川斉昭には従二位権大納言を追贈した。

この事実はきわめて重要である。尊攘運動が急速な高まりをみせた文久二年以降の一時期、長州藩の尊攘派は孝明天皇を意のままに動かし、安政の大獄で幕府に「国賊」として処刑された吉田松陰らを復権させ、国事殉難者として祭り上げていく契機となったからである。

長州藩が朝廷に招魂祭の実施を強く求めたのは、嘉永六年（一八五三）以来、同藩内で忠義の家臣や戦没者の招魂祭を行っていたという実績と密接な関係があった。文久三年（一八六三）、下関でアメリカ商船など諸外国の船舶を砲撃して攘夷を実行し、禁門の変や英、仏、米、蘭の四カ国連合艦隊の報復による下関攻撃、二回にわたる幕長戦争などの内戦と対外戦争を繰り返し、幕末の最終段階の四年間にわたって多くの戦死者を出した。

招魂場から招魂社へ

長州藩では四カ国連合艦隊による下関攻撃後、下関に招魂場を建設し、慶応元年（一八六五）八月、神道形式で招魂祭を行った。招魂祭には山県狂介（のちの山県有朋）ら奇兵隊関係者が隊列を組んで参拝した。この招魂場がのちの桜山招魂社（現在の桜山神社）である。

京都霊山護国神社（京都市東山区）の長州藩士の墓

同藩内には幕末期、天誅《てんちゅう》組の変の盟主で長州藩に逃れた後に暗殺されたる攘夷派公卿《くぎょう》中山忠光を祀る中山社（のちの中山神社）や長州に亡命中に病没した公卿 錦小路《にしきのこうじ》頼徳《よりのり》を祀る阿賀都麻社（のちの赤妻招魂社）を含め十六にのぼる招魂場が設立された。対幕府戦争などで戦没した殉難者の招魂祭がさかんに挙行されていたのである。

宗教学者の村上重良によると、長州藩は幕末期、招魂場を設けた唯一の藩であり、明治以降に相次いで設立される全国の招魂社（のちの護国神社）の源流となった。東京招魂社は長州藩の招魂場をモデルに、いわばこれら全国の招魂社の頂点に立つ社《やしろ》と位置づけられたともいえる。

維新後、東京招魂社の慰霊祭祀の中心的な役割を担ったのは、戊辰戦争で「官軍」と行動を共にする遠州（浜松）や駿府（静岡）の東海道沿いの神主たちで結成された遠州報国隊と駿州赤心隊の隊員たちだった。彼らは戊辰戦争に従軍、功績を挙げるが、帰郷するや、静岡に移住した徳川宗家の家臣から迫害を受けた。大混乱の中で静岡に移住した旧幕臣の中には、「官軍」にいち早く参加した両隊員を快く思わぬ者も多く、明治元年十二月、駿州赤心隊幹部で御穂《みほ》神社神主の太田健太郎が斬殺されるなどの襲撃事件が続発した。

このため、両隊員は大村益次郎に苦境を訴え、大村の斡旋で、報国、赤心両隊各三十一名の計六十二名が社司に採用され、東京に集団移住した。戊辰戦争中の同年六月二日、江戸城西の丸で催された「官軍」戦死者の霊を祀る神道形式の招魂祭では、遠州報国隊の大久保初太郎（春野）が祭主を務めるなど、すでに祭祀関係で新政府に尽くした実績も評価されたとみられる。翌年六月末、第一回合祀祭が行われる東京招魂社創建の祭典では、赤心、報国両隊の大久保縫殿之助《ぬいのすけ》や桑原虎次郎らが奉仕した。両隊関係者の中からは、のちに第二代宮司に就任する報国隊員出身の加茂瑞穂《かもみずほ》がいた。ちなみに、太田健太郎は戊辰戦争で陣没した報国隊の石野大和とともに大正九年（一九二〇）に両隊関係者としてははじめて靖国神社に合祀されている。

大村益次郎の合祀

大村とその護衛役で殺害された安達幸之助が同神社に合祀されたのも、大正九年だった。大村は死去直後の明治二年（一八六九）十一月に従三位を贈られ、その五十年後の大正八年十一月に従二位を追贈されていた。贈位後に靖国神社に合祀される事例は大村に限ったことではなかったが、それまでの殉難者合祀と整合性のつかない特異なケースといえよう。

幕末殉難者の合祀は明治八年一月の太政官達で「戊辰以前の殉難死節の者」とされている。大村の死亡時期は戊辰戦争終結後の明治二年十一月であり、厳密にいえば、合祀対象とはならない。また、陸軍省には、軍人であっても戦争の戦死者以外は合祀しないという不文律の考え方があり、日本陸軍の創始者で靖国神社創建の立役者であっても、合祀が認められる対象ではなかった。

大村の合祀の端緒は、大正五年、長州藩出身の木戸孝正や三浦梧楼《みうらごろう》による陸海軍大臣への合祀請願だった。この過程で、大村の遭難時に殺害された山田善次郎らが明治二十年代前半にすでに合祀されていることが判明し、こうした事情もあって大村らの合祀がすんなり実現したとみられるが、「異例中の異例」の扱いだった。

戊辰戦争の追祀は八百柱

戊辰戦争での戦没者を中心とする合祀は、明治二年（一八六九）六月の第一回合祀祭以降も、計八回にわたって追加合祀が行われ、最終的には幕末殉難者の合祀者より千四百人以上多い四千四百人にのぼった。第一回合祀祭の時点に比べ、八百人以上増えたことは見逃せない事実である。

戊辰戦争関係で最初に合祀された明治二年の三千五百八十八人を、府県別に筆者が集計したのが表5である。戊辰戦争の主力となった旧長州藩と旧薩摩藩を中心とする山口（五百七十柱）、鹿児島（五百五十三柱）両県のほか、戊辰戦争で反政府軍の「奥羽列藩同盟」のエリアにあった秋田県（四百二十二柱）や新潟県（百五十一柱）、そして、列藩同盟軍の隣接に位置した茨城県（百三十二柱）

などで合祀者が目立った。

しかし、戊辰戦争関係の合祀は、この第一回合祀で終わりではなかった。明治二十四年十一月に四十三府県が追加合祀した七百人余が明治二年の合祀に次いで二番目に多かった。府県別では、熊本県の百四十六人、福島県の七十六人、鹿児島県の七十五人などが目立った。熊本県の百四十六柱は箱館戦争の応援部隊で、明治二年一月、上総（千葉県）沖で沈没した米国船に乗っていて犠牲となった熊本藩兵とその傭兵《ようへい》だった。傭兵の合祀が確認されたのは資料上、これが最初であった。

戊辰戦争の合祀で特筆すべきことは、太政官布告で「戦死者合祀」の出発点に位置づけられているものの、戦死者以外にも負傷後の死者（戦傷死）、船舶沈没による溺死者、病死者、自殺者など、広範囲の死者が合祀されている点である。負傷後の死者や病死者も、陣中や病院で死亡した者と帰国後に死亡した者もあり、戦地以外での死亡者も多く含まれている。

『忠魂史』には、「戊辰戦争以来の変乱に官軍として従軍し、戦死又は陣中の激務に病を得て後死亡し、或いは暗殺・斬殺・自殺その他の原因によって死没した者で、その時日若《も》しくは場所・死因等の詳しからざるものを列挙すれば次の通り」として、戦死者や病死者、その他死因が不明な死没者の人名を藩ごとに掲載している。「病死」の項目だけで約百三十人の人名が記載されていた。

表5　第一回合祀の府県別合祀ベスト5

順位	府県別	合祀数（柱）
1	山口県	570
2	鹿児島県	553
3	秋田県	423
4	新潟県	151
5	茨城県	132

合祀者数には各藩の支藩も含む。

また、「戦死若しくは病死した者で、その死亡場所、時日及び死因の明確を欠くものを列記すれば次の通り」との同様の表現で、戊辰戦争期間中の北越、出羽、会津、奥羽、函館などの戦役ごとの病死者を含む死没者の人名も記載されている。

これらの戦死者以外の合祀者は、明治二十年代になってからの追加合祀だけではなかった。三千五百八十八人が祀られた明治二年の第一回合祀時点の祭神の中にも多数含まれていた。しかも、『忠魂史』が記載するように、死亡時期や場所、死因の定かでない者も多数含まれていた。

明治二年六月十日付の軍務官達に「近々招魂祭被行候に付、昨春来、追討の為出兵の諸藩戦死届の儀、未《いま》だ相済ざる向も之有り候はば、急々取調、神祇官へ届出べく候事」とある。時期からみて、同年六月末に行われる東京招魂社での招魂祭の実施を予告したものであり、出兵諸藩から名簿が提出されていない死者の届け出を督促していることから、短期間で合祀決定がなされたのは想像にかたくない。

このことが意味することは、国を二分する内戦終結直後という事情を差し引いても、死因や死亡時期などの詳しい審査も行われず、「官軍」側の出兵諸藩の自主申告通りに合祀された可能性が否定できない。合祀すること自体が優先され、死に方はほとんど問題とされなかったのであろう。

東京招魂社から靖国神社へ

第二回合祀は、明治七年（一八七四）八月十八日付太政官達に「先般佐賀県賊徒追討の節戦死の者」とある佐賀の乱の戦死者百九十二人であった。その後、台湾出兵や神風連の乱、秋月の乱、萩の乱など国内の士族反乱鎮圧にあたっての戦死者が次々と合祀されていくが、これは、明治元年五月の「戦死者布告」にある向後王事に命を落とした者も速やかに合祀するとの明治政府の方針に沿ったものである。この布告により、祭神数は内戦や戦争のたびごとに生まれる犠牲者に比例して増え続けることになる同神社の特殊性が形成されることになる。ただ、明治十年の西南戦争以前の第七回合祀までの合祀者はいずれも戦死者だけで、合祀者の死因が広範囲だった明治二年の第一回合祀は前例となっていない。

合祀者の範囲が再び広がったのは西南戦争からで、戦死者以外に、俘虜《ふりよ》となって殺害された者、事故死、戦傷死等も合祀対象となった。また、肩書の問題ではあるが、神風連の乱から西南戦争では、軍人・軍属以外に地方官員や警部補・巡査などの警察官、公使館雇などの合祀も認められるようになった。

西南戦争後の明治十二年、東京招魂社は靖国神社と改称され、歴史上の「忠臣」を祭神とする別格《べっかく》官幣社《かんぺいしゃ》に列せられた。初代宮司には幕末期、高杉晋作らと行動を共にした長州藩出身の青山清が就任した。『靖国の源流　初代宮司・青山清の軌跡』（青山幹生・青山隆生・堀雅昭著）によれば、青山の宮

明治時代の靖国神社（『日本百景』1896年より）

司就任は伊藤博文の推挙と伝えられる。
社名の「靖国」の典拠は、古代中国の史書『春秋』の「左氏伝」で「吾以て国を靖《やす》んずるなり」によるとされた。
また、同神社は内務、陸軍、海軍の三省の共管となり、祭式の執行を陸軍・海軍両省、施設の建築修繕などの経理を陸軍省、神官の人事を内務省がそれぞれ所管し、その他は三省の協議とされた。祭神を選定する合祀の基準は、「明治天皇の思召」、つまり天皇の意思とされ、天皇に祭神の決定権がゆだねられることになった。しかし、実際には明治天皇が一人ひとりの合祀者を決定するわけではなく、合祀対象者が出るたびにその都度、陸・海軍省と内務省などとの間で協議が繰り返された。合祀者の詮衡《せんこう》の際、常に「前例」は参考にされたが、祭神の判定は多様な戦死者の形態を生む戦争の影響にも左右され、時代とともに変化がみられるようになるのであった。

実際の合祀の決定権は、明治十八年に太政官が廃止されるまでは太政官が握っていたが、太政官廃止後は陸軍省が実質的な決定権を握ることとなった。殉難者の合祀については府県との窓口の内務省が一定の発言を維持しつつも、陸軍省に最も影響力を誇ったのは大村益次郎以来の長州閥であり、その頂点は陸軍省出身の山県有朋ら元老たちだった。

一方、海軍省に最も影響力を持ったのは明治期、西郷隆盛の弟の西郷従道や山本権兵衛らを中心とする薩摩閥だった。討幕の主力だった薩長両藩出身者が陸・海軍の実権を握ることによって、日清戦争後急速に主に軍人を祀る社として転化していく靖国神社に君臨することになる。

ところで、「英霊」という表記はいつ頃から使われるようになったのであろうか。

靖国神社によると、藤田東湖の詩「正気歌」から取ったとされるが、一般に広く流布されるようになるのは明治四十四年に刊行された『靖国神社誌』に寄せた寺内正毅陸相（長州藩出身）の序文が契機とされる。

Ⅱ　「英霊」創出と排除の論理

1　井伊直弼と吉田松陰のそれから

大老の横死

靖国神社へ合祀される側と合祀されない側の両極にある巨頭といえば、吉田松陰と井伊直弼であろう。安政五年（一八五八）～六年の安政の大獄で弾圧された側と弾圧した側という関係でもあったが、二人は今、わずか八百メートルほどしか離れていない東京都世田谷区にある墓地で眠っている。

幕府大老の地位にあった井伊直弼が登城途中の桜田門外で水戸、薩摩両藩の脱藩浪士十八人に襲われ、首級のない遺骸を乗せた駕籠が現場から五百メートル離れた彦根藩上屋敷（現在の国会議事堂前の尾崎記念公園付近）に運び込まれたのは、万延元年（一八六〇）三月三日のことであった。

世上名高い桜田門外の変である。騒然となった藩邸から次々と追手が繰り出されたが、遺骸の一部が残されていただけで、浪士たちはすでに現場から立ち去っていた。大老の首級は、薩摩藩士有村次左衛門が持ち去って、若年寄遠藤但馬守邸の前で力尽きて、門番に首を保管してくれ、と言い残して自刃して果てた。遠藤家では幕府に届け出るとともに、邸内の飯櫃に入れて置いたところ、井伊家の家臣が加田九郎太の首と称して引き渡しを懇願し、家臣が藩邸に持ち帰った。大老の首と胴体は藩医の岡島玄達が縫い合わせ、その日に当の井伊直弼名で幕府宛に負傷届けが提出される。井伊直弼は手傷を負ったが、無事だったというその場しのぎの便法である。

天下の大老が三月三日上巳《じょうし》の節句を祝う佳節にあたって、将軍居城のお膝元近くで白昼堂々と暗殺されるという桜田事変は、幕府にとっても驚天動地の一大事件であった。

大名が不慮の死を遂げた場合には、武門の恥辱であるとして、領地没収の上、家名断絶という掟があった。譜代筆頭の井伊家を処分すれば、家臣たちは黙っていない。城を枕に幕府に徹底抗戦するだろう。同藩で主君の横死を知って激高する藩士たちが詰めかけ、水戸藩へ報復を謀ろうとする動きも顕在化し、報復を警戒する水戸藩と一触即発の危険性もあった。このため、幕閣と井伊家の家老が示し合わせ、大老暗殺を「なかったこと」にする茶番劇が繰り返されることになる。翌日、将軍の上使が藩邸に下向して病気を見舞い、朝鮮ニンジンを賜った。さらに、七日には若年寄酒井右京亮が来邸し、氷砂糖、鮮魚を賜り、井伊家三十五万石の安泰を伝えると同時に、彦根藩士の暴発に釘をさすことも忘れなかった。報復の動きを未然に封じるための措置であった。

ちなみに、井伊直弼の大老職が免じられたのは三月三十日、井伊が死去した旨が幕府に届けられ、公表されたのはそれから一カ月後のことであった。この間、井伊家の家督は側室の間に生まれた愛麿こと直憲の相続が認められ、四月十日、井伊の遺骸はやっと井伊家の菩提寺である豪徳寺（東京都世田谷区豪徳寺）に葬られた。豪徳寺は招き猫の伝説で知られる。

しかし、井伊の首が取られた事実は、事件直後から瞬く間に全国に波及した。嘘で塗り固められた幕府の対応を揶揄《やゆ》する落首や川柳が巷にあふれた。民衆文芸の一つである「無物《ないもの》尽くし」に「桜田騒動途方もない、そこでどうやら首がない、首を取っても追手がない、こでも止め手がない」とある。明治維新の八年前である。

豪 徳 寺

吉田松陰の神格化

一方、安政の大獄で処刑された吉田松陰の遺骸が若林村に改葬されたのは、それから三年後の文久三年（一八六三）一月五日のことだった。長州藩の高杉晋作や伊藤俊輔（のちの博文）、赤禰《あかね》武人《たけと》らが千住小塚原に埋められていた松陰遺骸を掘り出して移したもので、まもなく墓碑もつくられた。若林村は長州藩主毛利大膳大夫（毛利家当主の公式名）の別邸や火除け地（火災などの非常時のための土地）があったところで、「大夫山」ともよばれた。現在の松陰神社（世田谷区若林）のある地である。

幕府から大罪を受けた松陰の改葬が可能になったのは、前述の通り文久二年十一月に幕府が発した大赦令に基づくもので、朝廷が長州藩の建言を受け入れ、安政の大獄以来の国事犯の罪名を解き、礼葬や招魂祭の実施などを幕府に命じた勅諚《ちょくじょう》だった。

この勅諚は、松陰が小塚原に人殺しや盗人の罪人と一緒に埋葬されていることを嘆いた、松陰門下生で松陰の義弟でもあった久坂玄瑞《くさかげんずい》が藩主父子に働きかけたのが端緒だった。当時、長州藩は藩論を

吉田松陰（山口県・松陰神社所蔵）

松陰神社の吉田松陰らの墓地

従来の「公武合体」から「奉勅攘夷」に転換させていた。その手始めに、「航海遠略策」の起草者で開国論者の長井雅楽《ながいうた》を極刑（のちに切腹）に追い込むとともに、攘夷に転換した長州藩のシンボルとして松陰の復権を目指していたのだった。

その後、大獄で松陰と一緒に刑死させられた頼三樹三郎《らいみきさぶろう》や小林良典《こばやしよしすけ》の遺骸も掘り出し、若林に改葬した。また、松陰の親友で文久二年八月二十九日に自決した長州藩士来原良蔵《くるはらりょうぞう》の遺骸も若林に移した。こうして、松陰の名誉回復の第一歩は実現したのであったが、改葬から七ヵ月後の文久三年八月には、会津藩や薩摩藩を中心とする公武合体派のクーデターによる「八・一八の政変」で、長州藩と尊攘派公卿七人が京都から追放された。さらに翌年七月十九日の禁門の変で敗れた長州藩は「朝敵」となり、第一次幕長戦争の際、松陰らの墓碑は幕府によって破壊された。

松陰らの墓が再建されたのは明治になってからで、新政府の参議となっていた木戸孝允が修復し、「大政一新之歳　木戸大江孝允」と刻んだ鳥居を寄進した。墓前にある葵《あおい》の紋の入った石灯籠と水盤一基は、墓所修復を聞いた徳川家から謝罪の意を込められて奉納されたものと伝えられる。

松陰神社は、明治十五年（一八八二）十一月、毛利元徳《もうりもとのり》や松陰の門下生らの手により創建された。現在、境内の面積は約四千八百坪にのぼり、墓域を中心に本殿、拝殿、神楽殿のほか、模築された松下村塾も建っている。境内には毛利一族や伊藤博文、山県有朋ら長州人から奉納された石灯籠三十二基が並んでいる。前章で触れた通り、松陰が靖国神社に合祀されたのは松陰神社創建後の明治二十一年で、長州藩出身の政府高官たちの手で着々と松陰の神格化が進められていたのであった。

松陰とその弟子たちの合祀

幕府による大赦令で師と仰ぐ吉田松陰の復権を勝ち取った長州藩の尊攘派であったが、その後の展開はまさに苦難の連続で、おびただしい犠牲者を生むこととなる。代表的な内戦は元治元年(一八六四)の禁門の変であった。

前年の八・一八の政変で京都から追われた長州藩は元治元年六月下旬、藩主毛利《もうり》敬親《たかちか》父子の名誉回復と三条《さんじょう》実美《さねとみ》以下七卿の赦免を求めて京都近郊に続々と集結した。幕府による再三にわたる退去命令を拒否し、居座りを続けた長州軍に対し、禁裏御守衛総督の一橋慶喜《ひとつばしよしのぶ》は七月十八日、諸藩に追討令を発令した。これに対し、長州軍は十九日未明、伏見、山崎、嵯峨の三方面から御所に攻め入った。この年の三月に、幕府に攘夷の実行を求めて筑波山で挙兵した水戸天狗《てんぐ》党の動きに呼応する一環でもあったが、出兵の直接の動機は京都に潜伏していた長州藩や熊本藩の尊攘派らが新選組に襲われて斬殺された池田屋事件に憤激し、会津藩討伐が狙いだった。

会津藩が守衛する御所西側の蛤《はまぐり》御門《ごもん》が主戦場となったが、薩摩藩が応援に駆けつけて激戦の末、長州軍側は敗退し、御所を防衛した会津、薩摩両藩を中心とする朝廷・幕府側の勝利に終わった。わずか一日の戦闘であったが、この戦いによる戦火で京都の中心市街地は二万七千軒余が焼失した。

御所への発砲で皇太子（のちの明治天皇）が気絶したと伝えられる長州藩の武力行使に対する孝明天皇の怒りは収まらず、はやくも同二十三日、長州藩を「朝敵」とする追討令が幕府に発せられた。これに対し、長州藩の椋梨《むくなし》派（「俗論派」）は京都から逃げ帰った国司《こくし》信濃《しなの》、益田右衛門、福原越後の三家老に切腹を命じ、三人の首を差し出し、幕府に恭順の意を示した。しかし、まもなく同藩の俗論派との争いを制した高杉晋作、木戸孝允らが藩庁の実権を握り、幕府に徹底抗戦する第二次幕長戦争が始まる。

それから二年。長州藩主の毛利敬親父子らは慶応三年（一八六七）十二月九日の王政復古に際し、賊名を解かれて赦免となった。これに伴い、禁門の変で戦死・自決した松陰門下の俊英たちも維新の功労者として復権を果たす。

禁門の変の戦死者で真っ先に靖国神社に合祀されたのも、京都御所を守って戦死した会津や薩摩、桑名、彦根など朝廷・幕府側の諸藩藩士ではなく、京都御所に発砲して「朝敵」となった長州藩士たちだった。まさに勝てば「官軍」の論理である。

前章でも見たように、禁門の変で戦死、自刃した長州藩士らが靖国神社に合祀されたのは明治二十一年（一八八八）五月五日だった。

この日、合祀された長州藩士民は六百一名にのぼったが、このうち禁門の変の殉難者として合祀されたのは二百四十名に達した。

切腹させられた国司信濃、益田右衛門、福原越後の三家老のほか、久坂玄瑞や来島又兵衛、入江九一、寺島忠三郎らが代表格である。このほか、幕長戦争を勝利に導いた高杉晋作らを含む尊攘派幹部の多くは松陰の門下生であり、合祀から三年後の明治二十四年四月には正四位などの位階も贈られるなど、手厚く顕彰されたのであった。

禁門の変ではこのほか、長州藩側に加勢して戦死、自決した真木和泉《まきいずみ》や原道太《はらみちた》ら久留米藩士七名、広田精一、岸山弘ら宇都宮藩士二名を含む他藩出身者もその後、順次合祀された。禁門の変以外でも、池田屋事件で新選組と戦って闘死した吉田稔麿、松田公介ら八名、四カ国連合艦隊による下関攻撃で戦死した十八名などの長州藩出身者が合祀された。

横浜開港五十年祭と井伊銅像除幕式

井伊直弼が再び世間の脚光を浴びることとなるのは、明治四十二年（一九〇九）七月一日の横浜開港五十年祭だった。

この日、横浜港を見下ろす高台の紅葉坂近くにある掃部山《かもんやま》公園（横浜市西区）内に六・七メートルの台座にたつ三・六メートルの井伊直弼像の除幕式が、五十年祭と併せて挙行される手はずだった。銅像建設は旧彦根藩有志が計画し、銅像のある公園を横浜市に寄付する予定であった。すでに銅像は六月二十六日に竣工していたが、直前になって横やりが入り、除幕式は七月十一日に延期されることになった。

横浜の開港に貢献した井伊直弼の銅像除幕式が、横浜の開港記念日に開催できなかったのは、思わぬ政治問題に発展していたからであった。『横浜貿易新聞』と『東京日日新聞』を基に当時の状況をみてみよう。

『横浜貿易新報』は六月十六日付及び十七日付で、掃部山公園のある地元・戸部町の興奮醒めやらぬ雰囲気を伝えている。井伊の銅像建設と公園の市への寄付について、戸部町では「戸部一円の地を賑はすべし、去れば此五十年祭は戸部町民に取りて開運の吉瑞なり」と町民の喜びを伝え、翌日の紙面でも「七月一日の記念祭と共に、当年徳川政府の執政にして不遇桜田門外の露と消えし開港の恩人は其の白布を除られて、此繁盛にして進歩せる五十年後の吾が横浜港を見ることに成るのだ」と井伊を「開港の恩人」と最大級に持ち上げている。「東西南北」というコラム欄の筆者も「七月一日の午餐《ごさん》会には来賓として伊藤（博文）、山県（有朋）、大山（巌）、井上（馨）、大隈（重信）、松方（正義）の諸元老を初め各省の大臣其他約三百名を招待する手はず」と準備が順調に推移している様子を伝えていたが、『東京日日新聞』は早くも六月二十六日付で式典の「不首尾」を予告していた。

同新聞によると、開港五十年祭の案内状に記載されていた銅像除幕式をみた元老が異議を唱え、その理由を「開国の主唱者といへば阿部（正弘）、堀田（正睦）の二老なるにこれを井伊大老に帰」してしまうと、吉田松陰や橋本左内、梅田雲浜《うめだうんぴん》、頼三樹三郎らの首を刎《は》ねた安政の大獄の「惨事はいまなお世人の記憶に新しき所なるを、開国の首勲なりとて中外人《ちゅうがいじん》環視の中に其銅像の除幕式を行わんなど、は怪しからず」と記述している。さらに、「其筋より該除幕式中止のことを周布〔公平、神奈川県＝筆者注〕知事に訓令する」にまで発展した経緯を触れ、伊藤博文、井上馨、松方正義の三元老が欠席、そして市の有志と板挟みとなった周布は帰国し、銅像及び公園の市への寄付も保留になった、という顚末も記されていた。

一方、『横浜貿易新報』は七月十一日付で「本日除幕式挙行の井伊大老銅像」の写真を掲載した。翌日の紙面では「都合あって十一日に延期された」と除幕式延期について簡単に触れるにとどめ、当日の模様について「朝から小商人が山から坂から岩亀横町の往来に迄露天を張」る「掃部山の賑い」と伝えた。

明治末期の井伊の評価

除幕式には、東京から大隈重信、井伊直忠（直弼の孫）、相馬永胤《そうまながたね》ら三百名、横浜から英国総領事のJ・C・ホール、平沼専蔵《ひらぬませんぞう》など「市の有力者全部」と新聞記者ら五百名が参列したが、式典で注目を集めたのは元老でただ一人出席した大隈の大演説だった。

この中で、大隈は七月一日を「日本の国家が世界に生まれてから、五十年を経過した、日本帝国に取りて最も大切なる記念日」といい、その記念日に井伊の銅像除幕式を挙行できなかったことについ

井伊直弼銅像

て「甚だ遺憾に存ずる」と繰り返した後、井伊の功績について「国難」に対処し、「開港を行いたる当時唯一の偉人」と最大級の賛辞をおくった。

　井伊直弼の評価をめぐっては、東京横浜毎日新聞社長でのちに衆議院議員となる島田三郎が井伊を弁護する立場から、明治二十一年（一八八八）に『開国始末』を輿論社から刊行しており、井伊の名誉回復運動の端緒は開かれていた。

　島田は、横浜開港五十年祭が挙行された明治四十二年七月一日付の『横浜貿易新報』特集号一面トップに「横浜開港と井伊元老」と題する寄稿文を寄せた。井伊自身が嘉永六年（一八五三）八月に起草した「別段存寄書《べつだんぞんじよりしょ》」を基に、あらためて「開国論者」としての井伊を次のように高く評価した。

> これは幕府の諮問に応じたる意見書である、予はこの自筆の石版刷りを開国始末の付録に掲げて、元老〔井伊直弼＝筆者注〕の初めより鎖国に反対せる本心を証明した。（略）近頃文明協会の出版せる日米交渉五十年史（北崎進氏著）も亦《また》左の如《ごと》く論断した。「〔幕府の＝筆者注〕諮問に対する諸

大名及び幕吏の答申は種々なりしと雖《いえど》も、之を大別すれば三となるべし。一は絶対的攘夷鎖国論にして、二は開国論、三は姑息論なり。第一に属する論者中最も極端なる意見を発表したるは福井藩主松平慶永なり。第二の開国論中特に無遠慮なる建白をなしたるは彦根藩主溜詰《たまりづめ》なる井伊直弼にして豪も憚《はばか》る所なく大胆に喝破し云々」と予が上文引用せる別段存寄書を以《もつ》て之を証明している。この著者北崎氏は文明協会が評して「多年日米交渉史の研究に苦心し該方面に於ける造詣は当今氏を以て第一」といへり。予が開国始末を著したる以来幾多の論紛然として世に出でたるも直弼が開国論者たりしことは今日全く確定し（略）極めて快心の事である。

これに対し、薩長藩閥側からの猛反発があり、井伊の銅像問題は、横浜開港の五十年を祝賀するという当初の目的から外れ、期せずして、五十年前の事件（安政の大獄と桜田門外の変）を呼び覚まし、過去の歴史問題を再燃させることとなった。

藩閥側の反撃

薩長藩閥側の立場から銅像問題への攻撃を展開した中心人物は、土佐藩出身の岩崎英重《いわさきひでしげ》だった。岩崎は明治四十四年（一九一一）に「直弼は我国の逆臣に非ざる乎《や》」という論理を展開する『桜田義挙録』を刊行するが、その主張の萌芽は銅像問題が表面化する直前の明治四十二年六月二十五日付の『東京日日新聞』に寄稿した「井伊直弼の銅像」と題する記事にもみえる。

一たび、開国始末その他二、三の記録が幕末外交史に於ける、事実の真相を愆《あやまり》てより、直弼朝臣を以て開国主導者の如く宣伝するに至りしと雖《いえど》も、朝臣は決してかかる先見あり、活識ある政事家にはあらざりし也

この記事をみて共感したという土佐藩出身の古澤会堂《ふるさわかいどう》（滋《しげる》）の紹介で、岩崎は同じく土佐藩出身で宮内大臣を退いて間もない田中光顕《たなかみつあき》（一八四三―一九三九）と知り合って意気投合し、二人は翌年四月、靖国神社で催される桜田十八烈士五十年祭の中心人物となる。

田中は天保十四年（一八四三）、土佐藩の下級武士の家に生まれる。武市半平太《たけちはんぺいた》に師事し、土佐勤王党に参加した。元治元年（一八六四）、脱藩して長州に入り、高杉晋作の知遇を得る。幕長戦争では丙寅丸に乗り込み、幕府軍と戦い、慶応三年（一八六七）、中岡慎太郎が組織した陸援隊の幹部となる。

明治四年（一八七一）、岩倉使節団の随員として欧米に派遣され、西南戦争には征討軍会計部長として功労があった。その後、陸軍少将、元老院議官、警視総監、宮中顧問官、宮内次官を経て明治三十一年より十一年間、宮内大臣を勤めた。

「宮廷政治家」とも称された田中光顕の活動は、宮内大臣という職掌を通じた「勤王の志士」像の形成と一般化に大きな役割を果たしたが、宮内大臣退任後は薩長藩閥を中心とする修史事業が開始され、田中自身もこの事業に深く関わっていくことになる。

桜田義挙五十年祭

さて、それはともかく、田中光顕の自伝『伯爵田中青山』（田中伯伝記刊行会、一九二九年）に寄せた岩崎の「青山迎景」によれば、桜田義挙五十年祭が「英魂祭祀の霊場たる靖国神社」で挙行されたのは明治四十三年四月三日のことであった。祭典の総裁に土方久元《ひじかたひさもと》、副総裁に三好成行《みよししげゆき》（陸軍中将）、祭典委員長に長谷場純孝《はせばすみたか》（衆議院議長）、そして祭典委員に田中、実際の準備活動には岩崎が当たり、また藩閥系のやまと新聞社が祭典を主催者となるなど、井伊直弼銅像建設に対する対抗的意味合いの強い祭典であった（高田祐介「維新の記憶と『勤王志士』の創出―田中光顕の顕彰活動を中心に―」）。

岩崎によると、祭典の模様は「皇族各殿下の御拝《ごはい》もあれば、旧藩主の参拝もある。また、遊就館には、烈士の遺墨遺品の展覧会を設けて、その忠烈を偲《しの》ばしめ、市中には花電車を運転し、場内には煙火《はなび》を打ち上げ、武者行列を始め種々余興の催しがあり、遠近より来たりて参拝するもの十数万の多きに及び、頗《すこぶ》る世人の耳目聳動《しょうどう》せしめ、非常の盛会を極めた」（『伯爵田中青山』）といい、その宣伝効果を強調している。岩崎は同祭典に「要せし費用数万金は松下氏（軍治・やまと新聞社社長＝筆者注）の支出する所であったが、其の大部分は伯（田中光顕）の補助に出しことは勿論である」（同書）と資金面での田中の全面的な支援の一端も披瀝している。

盛大な祭典であったことに加え、資金面で田中が強力に支援した事実などから、祭典の企画自体、田中自身の発案だった可能性も否定できない。岩崎によれば、田中は銅像問題のように「かかる不祥なることが反復せらるゝのは、兎角桜田事件に関する知識が、世間に明らかでないからである」(同書)とした上で、「桜田事変の五十年を期して烈士のために盛大なる祭典を行い烈士に対する注意と敬慕の念を喚起」し、「よく其の史実を闡明《せんめい》して、真相を発表するのが宜い」(同書)と祭典開催に意欲を示していたという。

また、岩崎が著した『桜田義挙録』についても、岩崎によれば、「伯(田中＝筆者注)は同志の士と共に大金を抛《なげう》ってこの書数千部を購求し、歴史修身の参考書として、全国の各小学校、中学校図書館に寄贈せられた」(同書)としている。事実、明治四十五年一月から二月にかけて『桜田義挙録』は、文部省を通じて尋常中学校・図書館、師範学校や高等女学校などに配布された。

この当時、文部大臣を勤めていたのは、先の桜田義挙五十年祭で祭典委員長を務めた長谷場純孝であり、土方や田中のつながりもあって配布が実現されたのであったが、「文部省は暗殺を推奨するのか」と万朝報《よろずちょうほう》や報知などの各紙に一斉に報じられることになる。批判の急先鋒だったのは万朝報で、同紙は明治四十五年五月二十二日付の社説で「国憲の明白なるの今の世に私人が当路の大官を路上に殺すことを義とし善として奨美するが如き著書をば、文部省が自ら進みて全国の教育圏に配布するは、常に国憲を重んずべしと教える教育勅語の精神にも負けること云《い》う迄も無く、亦国民の思想を健全にせんが為め文芸の審査を行へる今の文部省の方針及び行蹟にも矛盾せり」と鋭く批判した。

これに対し、岩崎も『やまと新聞』紙上で十回余にわたって反論を試みている。岩崎は「暗殺が法律上に、また道徳上に於いて、大なる非違なることは、まことに万朝報記者の論ずる所の如し」と一定の理解を示した上で「暗殺が如何《いか》なる動機に出で、如何なる場合に於いて、如何なる目的によりて行われしかは特に一考せざるべからず」として、桜田烈士の弁護論を次のように展開する。

権勢奸臣《かんしん》に帰し、上は皇室を危殆《きたい》にし、下は万民を抑圧し、国憲を無視し、国歩の運行を阻止《そし》するの時に際し、天下の志士手を挙げ、足を投ずるの所あらず、万策こゝに尽きて、やむなく身命を抛《なげう》ち、事を腰間《ようかん》の秋水《しゅうすい》に愬《うった》うもの、即ち烈士の義挙たる所以《ゆえん》

「奸臣」とは井伊直弼を指すのは言うまでもないが、このような「奸賊《かんぞく》を屠て其元を挙」げ、「変則なる国憲を破って、正しき国憲を作る基礎」をなした水戸志士の行動は「義挙」であると指摘。しかも「聖明の今上陛下は、其遺烈を追念され、贈位の栄典を賜い、之を靖国神社に崇祀せしめ」られた、と天皇の聖旨を介した形で正当化が図られた。

そこには「皇室を危殆」にした井伊と対比し、「勤王の開山」たる水戸志士の正当化を図ることを持論する「宮廷政治家」であった田中の意図が色濃く打ち出されていた。

こうした田中や岩崎の主張は、井伊の復権を認めることは自らの政権の正統性を否定することになることから、譲れない線とする薩長藩閥側の論理を代弁するものであった。

井伊の復権はなされたか

ところで、その後、井伊直弼が復権を果たす機会はあったのであろうか。

滋賀県の池松時和知事は、陸軍の特別大演習が同県内で行われた大正六年（一九一七）六月、織田信長ら十二名への贈位並びに位階の追陞《ついしょう》を後藤新平内務大臣宛に進達した。この中には井伊直政、直孝、直中《なおなか》、直弼、直憲の井伊家歴代五藩主も含まれていた。贈位の沙汰が発表される前日の『読売新聞』は「国賊か功臣か　井伊大老直弼贈位の問題」（同年六月十六日付）と題する記事を掲載したが、井伊家関係で生前の位階より高い位が贈られる追陞が認められたのは井伊直政と直孝、直中の三人だけで、故正四位の井伊直弼と直弼の次男で生前にすでに正二位を叙任されていた直憲の二人の贈位は見送られた。

井伊直弼に関しては、昭和三年（一九二八）六月、滋賀県の今村正美《いまむらまさみ》知事から望月圭介《もちづきけいすけ》内務大臣宛に再び位階の追陞を求める進達が行われた。国立公文書館に所蔵されている井伊直弼の「位階追陞の義に付　内申　故四位井伊直弼」の申請書類には朱筆で「幕末内外多難の秋に際し大老として其の重任に当り国務に鞅掌《おうしょう》したるの功績は大なりと雖《いえど》事歴中尚考該を要するもの少なからざるに因り他日の再査に付せられ可然」（昭和大礼贈位書類第十冊（内ノ十））とある。開国から七十年を経た昭和の時代になっても、井伊直弼の在世中の行動が問題とされ、戦前においては完全に復権されることはなかった。

2　水戸天狗党復権・顕彰の時代

千四百六十名の合祀

前章で触れた水戸天狗党《てんぐとう》を中心とする旧水戸藩出身の幕末殉難者が靖国神社に初めて合祀されたのは、明治二十二年（一八八九）五月五日のことだった。

五日午後八時から靖国神社で挙行された臨時合祀祭には、初代宮司《ぐうじ》の青山清をはじめ陸海軍の各局長らが参列し、千四百六十名が合祀された。

合祀翌日の六日は同神社の例大祭ともあって、青山宮司が社殿で祝詞を述べた後、陸軍大臣大山巌、海軍中将中牟田倉之助《なかむたくらのすけ》ら陸海軍幹部や警視庁幹部が参拝し、競馬場に整列していた儀仗兵《ぎじょうへい》が神殿前で銃をささげ敬礼した。前夜の雨とは打って変わった好天に恵まれ、余興として競馬も催され、境内の参道には露店を出した商人《あきんど》ばかりでなく、参拝客でごった返す賑わいぶりを『読売新聞』は明治二十二年五月七日付で伝えている。

明治維新から二十一年。天皇大権を定めた大日本帝国憲法（明治憲法）が発布されたこの年、同神社に合祀された千四百六十名とはどのような人々だったのであろうか。五月二日、「維新前殉難者」

として同神社に合祀される千四百六十の人名が陸軍省から発表された。

安政五年（一八五八）の安政の大獄で逮捕、翌年に死罪となった旧水戸藩士の安島帯刀《あじまたてわき》や茅根《ちのね》伊予《いよ》之助《のすけ》、鵜飼吉左衛門《うかいきちざえもん》・幸吉《こうきち》親子をはじめ、万延元年（一八六〇）の桜田門外の変の金子孫二郎、高橋多一郎、佐野竹之助、元治元年（一八六四）の天狗党の乱で刑死となった武田耕雲斎《たけだこううんさい》や藤田小四郎《ふじたこしろう》ら同藩士民の千三百九十名に加え、同藩の支藩（親類）の旧宍戸《ししど》藩主松平大炊頭頼徳《まつだいらおおいのかみよりのり》以下六十三名の同藩士、旧松川（守山）藩士の中村修之助ら七名だった。

この中には戊辰戦争での戦没者ら十一名も含まれており、幕末期に死没した国事殉難者は約千四百五十名であった。祭神数は西南戦争の六千五百五名、戊辰戦争の戦没者三千五百八十八名に次ぐ規模で、幕末殉難者を対象に一度に千五百名近い合祀は、同神社始まって以来のことだった。しかも、合祀された者は「国事犯人にして国家に旧勲あるもの」（『東京朝日新聞』明治二十二年五月三日付朝刊）とされた。

安島帯刀以下の四名は、安政六年八月二十七日、安政の大獄で死罪となった水戸藩士。安島は同藩の藤田東湖とともに「両田」とうたわれた戸田忠太夫《とだちゅうだゆう》の弟であり、処刑当時、同藩家老の要職にあった人物である。

金子孫二郎や高橋多一郎らは翌万延元年三月三日の桜田門外の変の首謀者で、佐野竹之介ら実行犯グループのメンバーとともに襲撃直前に藩に脱藩届を提出した同志だった。

安政の大獄では、安島が切腹、水戸藩京都留守居役の鵜飼吉左衛門、幸吉親子や茅根伊予之助、吉田松陰、橋本左内、頼三樹三郎ら七人が死罪となったのをはじめ、遠島・追放・所払い・押し込めなどの有罪判決者が全国で七十人前後に達する幕府統治史上最大の弾圧事件に発展した。これに先立ち、幕末の政局で井伊大老と激しく対立する水戸藩の前藩主（九代藩主）、徳川斉昭も幕府から処分を受けた一人で、「水戸表へ永蟄居《えいちっきょ》」となり、万延元年八月、水戸で亡くなった。暗殺説も流れたが、病死だった。享年六十一だった。

井伊大老ら幕閣が御三家の水戸藩士へ厳罰で臨んだのは、将軍継嗣問題での一橋慶喜擁立や日米修好通商条約をはじめとする諸外国との条約調印反対、そして天皇の勅諚《ちょくじょう》が水戸藩へ下された「戊午《ぼご》の密勅」に至る一連の行動を、徳川斉昭が主導した陰謀ととらえたことに端を発している。安政六年四月以降、取り調べを受けた安島や茅根らは斉昭の関与を強く否定したが、井伊は斉昭陰謀説の筋書きに基づき、追及の手を緩めなかった。

同年八月二十七日の第一次判決で安島は切腹、茅根と鵜飼吉左衛門は死罪、鵜飼幸吉は獄門、鮎沢《あゆさわ》伊太夫《いだゆう》は遠島となった。十月七日の第二次判決では橋本左内、頼三樹三郎《らいみきさぶろう》、飯泉喜内《いいずみきない》の三名が死罪、十月二十七日の第三次判決で吉田松陰が死罪となった。

さらに、幕府は大獄での一連の処分を断行した上で、水戸藩に下った勅諚を幕府宛に返納するよう同藩に厳命した。しかし、すでに勅諚は水戸表に送られており、同藩内では勅諚返納の是非をめぐって大論争に発展する。返納を強硬に反対する尊攘激派の金子孫二郎、高橋多一郎らが薩摩藩士らと連携し、桜田門外の変を引き起こし、その後も水戸藩の尊攘激派が中心となった英国仮公使館襲撃事件(東禅寺事件)や坂下門外の変などの事件は相次いだ。

ただ、安政の大獄で罪を被った徳川斉昭や吉田松陰、橋本左内、安島帯刀をはじめ、その後の桜田門外の変、東禅寺事件、坂下門外の変などで非業の死を遂げた尊攘派の志士たちについては前述の通り、文久二年(一八六二)十一月、幕府の大赦令に基づき、刑死者、病死者の罪名を解き、招魂弔祭の実施や墓を建てることが認められた。徳川斉昭には従二位権大納言が追贈されるなど、形の上ではこの時点で復権を果たしていた。

したがって、明治二十二年の靖国神社への合祀で名実ともに復権、顕彰されたのは、元治元年の天狗党の乱に参加して死没した水戸藩の天狗党のメンバーが中心だった。

「逆賊」とされた天狗党

天狗党については、第一章で簡単に触れたので、挙兵後の状況だけを概観したい。特に、元治元年十月、水戸城近郊の那珂湊《なかみなと》で幕府軍の追討を受けた尊攘派首領で元水戸藩執政の武田耕雲斎《たけだこううんさい》と筑波山に挙兵した藤田小四郎ら約一千名の結末はあまりにも悲惨といえる。

諸生党《しょせいとう》と幕府・諸藩連合による追討軍に囲まれ、行き場を失った武田耕雲斎や藤田小四郎ら天狗党の首脳は、水戸藩出身で当時、禁裏守衛総督として京都にあった一橋慶喜に尊王攘夷の衷情を訴え、自らの立場を弁明するため京都を目指して西上することを決意する。

　武田、藤田の両軍は合流して那珂湊を脱出し、水戸藩領の大子《だいご》を出発して、下野（栃木県）、上野（群馬県）、信濃（長野県）、美濃（岐阜県）、越前（福井県）と約二百里を行軍する。この間、下仁田《しもにた》で高崎藩、和田峠で高島、松本両藩と合戦に及ぶが、下諏訪から伊那街道経由で飯田へ出て、清内路《せいないじ》から妻籠《つまご》、馬籠《まごめ》、中津川を経由して御嵩《みたけ》に到着した。木曽川を渡り、美濃に入るが、関ケ原越えをやめて谷汲《たにぐみ》街道を北上、蝿帽子《はいぼうし》峠を越えて、同年十二月十一日、敦賀《つるが》の新保《しんぼ》宿に到着するが、天狗党を迎え撃つ討伐軍の総大将は慶喜だった。天狗党首脳は協議の末、ついに加賀藩に投降した。

　加賀藩は天狗党の心情を理解し、手厚く遇したが、幕府の追討軍総督の田沼玄蕃守意尊《たぬまげんばのかみおきたか》（遠州相良藩主）が到着、天狗党の身柄を引き受けると、扱いは一変した。鰊《にしん》倉に押し込められた上、慶応元年（一八六五）二月四日から二十三日にかけ、武田耕雲斎や田丸稲之衛門《たまるいなのえもん》、山国兵部《やまぐにひょうぶ》、藤田小四郎ら三百五十二人は次々に斬首に処せられた。このほか、若者など百名余は遠島処分となり、郷村の出身者を中心とした百三十名は水戸藩に引き渡された。水戸の城下に残っていた家族にも厳しい処分が行われ、武田一族の婦女子らも処刑された。

　こうして一年に及ぶ幕末最大の争乱は終結を迎え、世に恐れられた水戸天狗党も壊滅する。天狗党の乱で犠牲となった水戸藩出身者の量的多さが、同藩をして幕末の祭神数ナンバーワンに押し上げる要因となったのである。

しかし、幕府側からみれば、桜田門外の変にせよ、天狗党の乱にせよ、いずれも、幕府権力に歯向かった「賊徒」として処罰された反逆者だった。元治元年当時、正当な国家権力は対外的にも幕府であり、形式的には水戸藩の諸生党も幕府の命令に従っただけなのである。

「逆賊」が一転…

その逆賊が一転して復権したのは、明治維新による価値観の大転換があったからにほかならない。それまで「官軍」だった幕府が「賊軍」となり、幕府から処罰された「逆賊」が一転して、維新の功労者としてたたえられることになったからである。

水戸藩といえば、二代藩主光圀《みつくに》の『大日本史』編さん以来、尊王思想の聖地である。しかし、その一方で、徳川将軍家の御三家として幕府を支える立場にあった。「尊王敬幕」（皇室を尊び、幕府を敬う）を藩論とする同藩には、そもそも討幕の発想はなかった。それにもかかわらず、同藩の尊王攘夷派の人々が靖国神社に数多く合祀されたのは、それ相当の理由があった。

明治元年（一八六八）正月三日に勃発した鳥羽伏見の戦いに勝利を収めた薩長を中心とする明治新政府に対し、泉涌寺《せんにゅうじ》の天皇陵を守衛していた水戸藩の在京集団「本圀寺党《ほんこくじとう》」の面々は、藩政を牛耳っている諸生党の市川三左衛門ら「奸人《かんじん》ども」を討伐し、藩政を回復させるために水戸下向の旨を願い出る。

この願い出は聞き入れられ、朝廷は本圀寺党の大場一心斎影淑らに泉涌寺守衛の任務を免じ、藩政改正のため水戸に帰ることを許可する「除奸反正（水戸表平定）」の勅命を発する。勅書の宛名は「水戸中納言」、十代水戸藩主の徳川慶篤《よしあつ》だった。

これにより本圀寺党や天狗党の生き残り組は、順次欣喜《きんき》雀躍《じやくやく》して京都を出発し、江戸で藩主の慶篤に面会して勅書を手渡した。藩論を勤王に一本化した上で、国元の水戸城に入り、同藩の幕府派の諸生党の追討に乗り出した。

ただ、長州も薩摩も水戸藩の天狗党も最初から「官軍」であったわけではない。薩長軍が鳥羽伏見の戦いで幕府軍に勝ったゆえに、天狗党も「官軍」の仲間入りを果たしたにすぎない。

その後、天狗党の残党らが事実上、水戸藩の藩庁の実権を握ることとなり、水戸に戻った武田耕雲斎の孫である武田金次郎らによる諸生党狩りの粛清の嵐が吹き荒れることとなった。維新後も、藩内抗争に埋没する水戸藩の惨状は目を覆うばかりであったが、取りも直さず、藩庁の実権は天狗党が諸生党から奪い返したのであった。

しかし、天狗党の乱に参加し、死没した者がすべて靖国神社に合祀されたわけではなかった。天狗党の乱の参加者は、士族に限らず、農民や神職、医師、僧侶など幅広い階層に広がり、水戸藩領外から参加する有志も多く、出身地は全国規模に達した。

確かに、敦賀で処刑された武田耕雲斎や藤田小四郎ら天狗党の主流派をはじめ、天狗党の乱の過程で戦死・刑死・獄中病死した尊攘派の事件参加者の多くは合祀された。

天狗党非主流派の合祀

これらの合祀者の中には、天狗党の主流派と一線を画す「大発勢《だいはつぜい》」とも「鎮派《ちんぱ》」ともよばれた同藩家老の榊原新左衛門のグループも含まれる。「鎮派」とは前述の通り、藤田小四郎らの尊攘激派に対する尊王攘夷穏健派のことである。大発勢は、門閥派排斥のために江戸に来ていた榊原新左衛門に従っていた藩士、領民であり、領内の混乱を鎮めるため、藩主慶篤の名代として、水戸城に派遣された水戸藩支藩（親類）の宍戸一万石藩主、松平頼徳《まつだいらよりのり》に随行した。大発勢には途中から、同藩元執政の武田耕雲斎の一隊も加わった。

総勢千百名余にのぼったが、諸生党を率いる市川三左衛門らによって水戸城への入城を拒否されたため、城外の那珂湊などで市川勢と合戦に及ぶ。しかし、市川勢に幕府の田沼玄蕃守意尊を総督とする関東・奥羽諸藩の追討軍が合流したことから、幕府軍との本格的な戦闘をためらう松平頼徳が元治元年九月二十六日に戦線を離脱する。榊原を中心とする大発勢も同年十月二十三日、幕府軍に降伏する。

しかし、松平頼徳は幕府に弁明するために江戸に赴く途中、田沼の命令で水戸に呼び戻されて切腹を命じられた。「藩主名代として領内鎮撫のためにつかわしたのに、かえって賊徒並びに水戸藩脱藩の浪士に加わり、公儀（幕府）に敵対に及んだのは不届きの所業に付」というのがその罪名であったが、頼徳には「幕府への敵対」という意識はなかった。享年三十六だった。

思ひきや野田の案山子《かかし》の竹の弓
　引きも放たで朽ち果てんとは

という辞世の歌に頼徳の無念さがよく表れている。頼徳は明治二十二年（一八八九）、靖国神社に合祀されるとともに、その二年後の明治二十四年十二月に従三位が追贈された。従五位下から二階級特進である。また、大名で靖国神社に合祀されたのも、頼徳がはじめてだった。

一方、大発勢の千百名余は、佐倉藩や古河藩など二十二藩に及ぶ諸藩に預けられ、榊原ら幹部四十三名は慶応元年（一八六五）四月、切腹ないし斬首に処せられた。他藩に預けられた「大発勢」の一部は明治になって赦免になったが、多くは明治維新をみることなく、刑死や獄死した者が多かった。

天狗党殉難者で靖国神社に合祀された祭神は、敦賀で刑死した武田耕雲斎ら三百五十二名と水戸領および西上の過程で戦死、病死した者たちが有名であるが、実は「大発勢」とよばれた鎮派の人々の合祀者は、敦賀で刑死した武田耕雲斎や山国兵部ら尊攘激派以上に多かった。明治時代の代表的な女流歌人の中島歌子《なかじまうたこ》の夫で、慶応元年一月に久留里《くるり》藩で獄中病死した水戸藩士の林忠左衛門以徳もその一人だった。

結果的に水戸藩主慶篤の名代として領内鎮撫に赴いた松平頼徳に随行し、水戸城への入城を拒否され、諸生党側から攻撃を仕掛けられたため、期せずして幕府軍と干戈《かんか》を交えることになったが、松平頼徳同様、幕府に敵対する意識は全くなかった。彼らは藤田小四郎ら「筑波勢」と同一視されることを嫌っていたが、結果は「筑波乱妨の者共」と同類に扱われ、幕府から処刑されたのであった。

合祀されなかった天狗党殉難者

一方、天狗党主流派と主義主張の違いから別行動を取った他藩出身者らの部隊関係者で靖国神社に合祀された殉難者は少なかった。

天狗党主流派が途中から、攘夷より藩内事情である諸生党との対決を優先したことから、「挙兵の目的に反する」と袂《たもと》を分かった他藩出身者たちである。彼らは「鹿島落ち」とよばれ、落ち武者狩りにあって水戸領内の各地で命を落とした。同領内には「天狗塚」と呼ばれる名も知れぬ殉難者の石碑や墓碑も散在しているのであるが、この多くは「鹿島落ち」の人々といえる。

田園風景が広がる茨城県つくば市大穂の一角に「天狗党万霊塔」がある。幕末期、処刑場があったと地元で言い伝えられている場所で、筑波大学名誉教授で中野天徳院（東京都中野区）住職の大藪正哉氏と地元の「ニコニコくらぶ」が平成二十二年（二〇一〇）、「天狗塚」の無縁仏など約七百五十体を集めて埋葬する慰霊塔として設置、地元住民らが参加して定期的に供養が行われている。
また、天狗党主流派の中にも、身元がはっきりしなかったため、合祀されなかった関係者も少なくない。参加者の中には農民も多く、家族に累が及ぶのを恐れて最期まで「変名」や「偽名」で通した関係者もいたからである。

天狗党万霊塔

さらに、身元がはっきりしているにもかかわらず、靖国神社をはじめ、地元の茨城県護国神社などにも合祀されず、贈位（位階）の恩典に浴さなかった人もいた。栃木陣屋への放火事件をきっかけに、「愿蔵《げんぞう》火事《かじ》」と恐れられ、汚名の中に散った天狗党の異端、田中愿蔵もその一人であった。

なお、天狗党と激烈な藩内抗争を演じた諸生党の殉難者は、明治憲法発布の恩赦で「家名再興」は認められたものの、桜田門外の変で水戸浪士によって暗殺された井伊直弼と同様、その後も一切合祀されることはなかった。

これら靖国神社に祀られない非合祀の群像については、次節以下で詳しく取り上げたい。

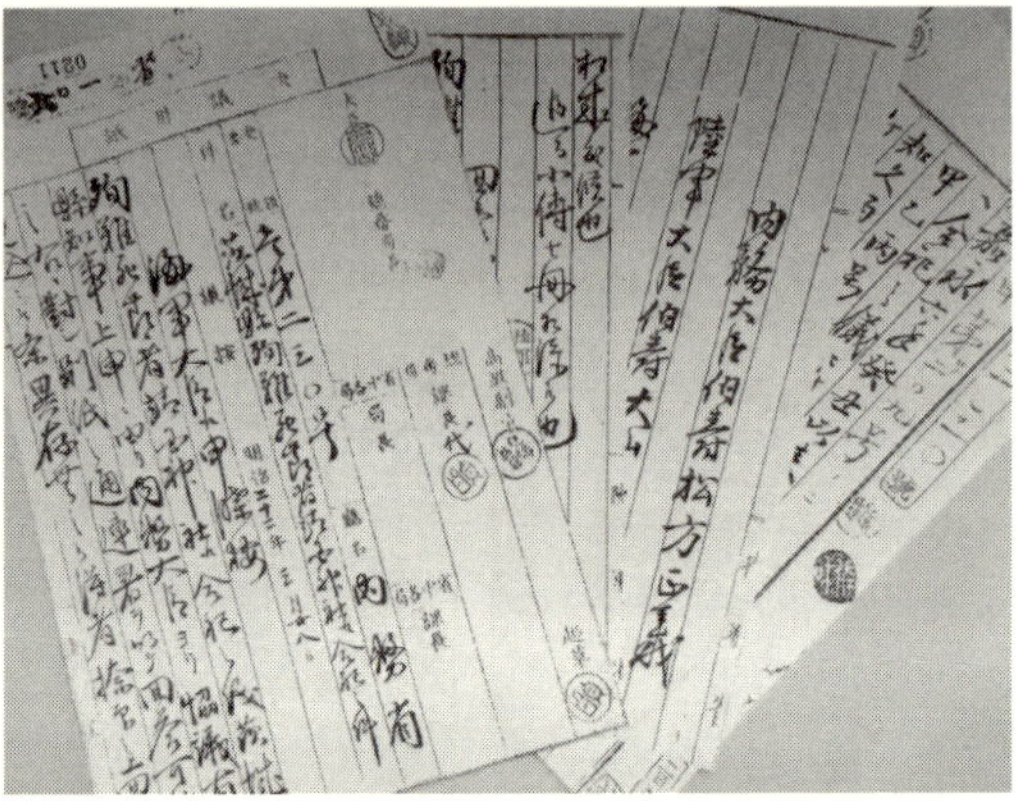

茨城県の合祀申請文書（防衛研究所所蔵）

復権の下地となった履歴史料

ところで、水戸藩士民が明治二十年代に数多く合祀されることが可能になった背景をみていくことにしよう。

幕末殉難者の合祀は、祭神となる殉難者の出身地もしくは死没地の府県が内務省へ対象者を上申し、内務省が陸軍省などとの協議の上決定される。海軍省にも陸軍省から同様の文書が回されるが、陸軍省の意見に海軍省が反対することはほとんどなかった。合祀判定は、内務省が一定の影響力を保持しつつも、陸軍省が決定権を握っていたのである。

幕末殉難者については、太政官政府は明治初年から再三にわたって、全国の府県に対し、合祀対象者とその遺族の取り調べを命じていたが、明治六年（一八七三）五月、皇居炎上により集められた対象者の履歴史料などが焼失した。このため、翌年の明治七年二月、再度、同様の史料提出が各府県に命じられる。

茨城県の場合、遺族が二通の履歴書（身上書）を作成し、一通は太政官へ提出し、もう一通は茨城県庁へ提出した。前者はその後、東大史料編纂所に収蔵されることとなる「勤王殉国事蹟《じせき》」とよばれる史料で、後者は茨城県の書記官が整理して国へ提出し、それが後に内閣文庫に収蔵される「水戸藩殉難死節之者履歴」である。

ちなみに、「勤王殉国事蹟」は六十八冊に及ぶが、このうち茨城県分だけで三十八冊分、つまり半分以上は水戸藩関係の殉難者の履歴史料であった。また、「水戸藩殉難死節之者履歴」は全九冊で、明治時点での同藩の死亡者だけでなく、生存者・帰村者を含めた約千五百名について記載のある貴重な史料である。

これらの膨大な史料が後に同県から政府に提出される合祀申請の基礎史料になったのは言うまでもない。

鎮霊社の創建

また、徳川光圀、斉昭を祭神として祀る水戸市の常磐神社の末社（摂社）として明治十年、ペリー来航以来の国事殉難者を祀る招魂社「鎮霊社《ちんれいしゃ》」が内務省の許可をうけて創建された。

鎮霊社の創建については、同社設立請願の発起人の一人に名前を連ねている高倉長八郎を抜きにしては語れない。高倉家は代々、漢方薬「司名丸《しめいがん》」を製造、水戸藩内外で販売する豪商であった。

文政四年（一八二一）生まれの長八郎は桜田門外の変の首謀者の金子孫二郎や高橋多一郎をはじめ、武田耕雲斎や天狗党の乱の首謀者だった藤田小四郎らと交流を深め、資金的にも支えた水戸天狗党のスポンサー的存在だった。特に、井伊大老を襲撃する暗殺計画の謀議は、水戸近郊の河和田村にあった高倉家の二階で行われたと伝わる。天狗党の乱後は、諸生党の刺客に狙われたため、三年間、水戸藩士で岩倉具視の側近として活動していた香川敬三を頼って京都に潜伏していたという。

長八郎は維新後に水戸に戻り、鎮霊社の創建に際しては、社殿の造営費を賄うだけでなく、鎮霊社の社額の揮毫《きごう》を、当時、宮内省に勤務していた香川敬三経由で有栖川宮熾仁親王《ありすがわのみやたるひと》に依頼し、その額面を社頭に納めたという。

長八郎の尽力もあって完成した鎮霊社では明治十一年（一八七八）二月、前年の西南戦争で戦死した茨城県出身者らが合祀された。

『常磐神社史』著者の照沼好文氏によると、鎮霊社創建当時の茨城県出身の祭神数は「千八百三十四柱」とされたが、創建時点に幕末殉難者の祭神名簿が整備されていたとは到底思えない。

鎮霊社の祭神名簿には戊辰戦争の「官軍」側戦没者として東京招魂社に祀られた県内出身者も含まれているが、「鎮霊社祭祀人名追加の分」という記載がたびたびみられるからである。創建当時に幕末殉難者の祭神名簿が一気に整備されたのではなく、少しずつ整えられたのであろう。

合祀対象者には「変名」や「偽名」を使った殉難者も多く、靖国神社への合祀同様、殉難者の本名や身分などの特定作業が難航を極めていたのは想像に難くない。さらに、幕末以来の激烈な藩内抗争の後遺症もあって、茨城県は「難治《なんち》の県」とよばれた。地租改正に反対する大規模な百姓一揆なども勃発し、殉難者の調査作業どころではなかった。ただ、鎮霊社の祭神名簿は、後に靖国神社への合祀申請や幕末殉難者の贈位請願の際、一定の基礎資料になった。なお、鎮霊社は昭和十四年（一九三九）、茨城県護国神社と改称される。ちなみに、靖国神社本殿近くにある同名の社である鎮霊社とは無関係である。

さらに、天狗党の関係者が処刑された敦賀（福井県）に明治七年、天狗党の武田耕雲斎ら四百十一柱の祭神を祀る松原神社が創建されていたこともプラスに働いた。松原神社の祭神は、天狗党名簿として太政官にも報告されていたからである。明治十一年十月には、明治天皇が北陸巡幸の際、車を松原神社前にとめ、武田耕雲斎らがむなしく刑場の露と消えたことをあわれみ、祭祀料五百円を下賜された。

天狗党殉難者忠魂碑（水戸市・回天神社内）

水戸天狗党関係者らが明治二十年代に大量に合祀されることが可能になった背景をみてきたが、靖国神社に合祀されることは当時、遺族はもとより、旧藩を継承した府県側にとっても名誉なことであった。したがって、各府県は合祀者数を競うように内務省に上申し、内務省は各府県から上申された殉難者が極力合祀されるように尽力したのであった。とくに、戊辰戦争では、「官軍」側諸藩の戦没者は新政府軍の正義の戦いに貢献した「人柱」とみなされ、祭神数の多さが明治新政府への忠誠を示す証《あか》しとみなされた。このため、各藩は競うように新政府にひとりでも多くの戦没者を届け出たのであった。

却下された合祀申請

しかし、府県側からの合祀申請がすべて認められたわけではなかった。たとえば、水戸藩関係では当初、茨城県から上申された明治二十二年（一八八九）分の合祀予定者は千四百九十四名で、この中から内務省が「猶取調べが必要」とした二十名を除く千四百七十四名が対象者となった。内務省は陸・海軍省と協議したが、陸軍省の回答は「十四名は潜伏中の病死等とあるので、合祀の限りでない」と反対している。これに対し、内務省は「十四名はいずれも国事に奔走し尽力の者なので、今更差し除くのは不公平である」と再び陸・海軍省へ照会しているが、陸軍省は「禁獄中の病死者と質が違う」と認めなかった。

このため、明治二十二年の水戸藩関係の合祀者は支藩の宍戸、松川両藩を含めて千四百六十名に落ち着き、十四名の合祀は陸軍省の反対で認められなかったのであった。

しかし、この水戸藩のケースでは、申請者中に占める合祀率は九九％で、満額回答に近いものであった。陸軍省も茨城県側に一定の配慮を示したものといえる。

また、元治元年の禁門の変で朝廷・幕府側に立って戦死した旧会津藩など五藩の藩士（幕臣二名を含む）や明治元年（一八六八）の堺事件で刑死した旧土佐藩士、赤報隊の相楽総三《さがらそうぞう》、第二次幕長戦争で戦死した旧浜田藩士らは明治二十六年、いずれも陸軍省の反対で合祀請願などが却下されている。長州軍に加わり禁門の変で戦死した旧対馬藩士の青木与三郎ら二名に関する山口県知事からの追加合祀申請は明治二十六年に承認されたが、会津藩士の合祀申請は「禁門守衛戦死に付除く」と却下されていた。

会津藩士とは、禁門の変で御所を守って「朝敵」の長州軍と戦って戦死した山際久太夫らである。御所を攻めた長州軍の来島又兵衛《きじままたべえ》や久坂玄瑞《くさかげんずい》らは明治二十一年五月に合祀されたのとは対照的であった。

こうした経緯は、合祀決定に際し陸軍省の意向が強かったことを示しているが、長州閥が握る陸軍省首脳に影響力のある政治家が中央にいれば、幾分か違った展開も予想できた。

水戸殉難者顕彰の黒幕

水戸藩は幕府派の諸生党との藩内抗争で維新前に人材が根絶してしまって、明治期、中央に発言力のある政治家は、香川敬三《かがわけいぞう》ぐらいしかいなかった。

香川は天保十年（一八三九）、常陸国茨城郡下伊勢畑村（現在の常陸大宮市、合併前は御前山村）の庄屋蓮田孝定《はすだたかさだ》の三男として生まれた。同村の祠官鯉沼《しかんこいぬま》家の養子となり、鯉沼伊織と称し、藤田東湖の門弟となり、尊攘派の志士として活動する。その後、上京して岩倉村に隠せいしていた岩倉具視の知遇を得て慶応三年（一八六七）、高野山の挙兵に参加、戊辰戦争では岩倉の子具定《ともさだ》が総督を務める東山道総督に従って各地を転戦し、流山で近藤勇を捕らえる功績を挙げる。

維新後は、宮内省に採用され、欧米視察の岩倉使節団に同行した時期を除き、大正四年（一九一五）に七十五歳で死去するまで一貫して宮内省に勤務、この間、宮内少輔、皇后宮《こうごうぐう》大夫、皇太后宮大夫など同省の要職を歴任した。特に、明治天皇の皇后（昭憲皇太后）の側近として三十三年間仕えた宮内官僚の重鎮であり、明治四十年（一九〇七）に伯爵を授与されている。

香川も水戸藩出身者の生き残り組の高官として、もとより同藩関係の殉難者の顕彰に心を砕いたが、決して表に出るタイプではなかった。同藩出身では、幕末以来の同志で維新後、佐賀、長崎県令などを歴任した北島秀朝《きたじまひでとも》（益子孝之介）が明治十年に、香川と同じく宮内省で主殿頭などを務めた男爵の山口正定が明治三十五年に死去している。このため、天狗党の生き残りは、明治初期に伊藤博文の知遇を得て天津領事やメキシコ公使などを歴任した外務官僚で、山口県の第百十銀行頭取など実業界でも活躍する室田義文《むろたよしぶみ》ぐらいだった。

それにもかかわらず、水戸藩出身者の数多い合祀や贈位が可能になったのは、他藩出身で水戸藩に同情的な理解者が存在したからであった。

その代表的な人物は、土佐藩出身で宮内大臣などを歴任する田中光顕《たなかみつあき》だった。水戸出身の香川敬三とは幕末期、共に陸援隊幹部として活動、高野山挙兵にも参加するなどの盟友であり、明治以降は同じ宮中関係の要職を長く歩むなど、生涯変わらぬ仲だった。

田中光顕は幕末から明治、大正、昭和を生き抜き、「最後の志士」とも称された。彼が語り残した『維新風雲回顧録』は風雲急を告げる幕末の実体験記であり、幕末殉難者の顕彰に大きな足跡を残した。

田中光顕

田中光顕の伝記である『伯爵田中青山』の中で、田中は次のように回想している。

> 幕末には土佐の者も大分殺されたけれど、まだ土佐は大分残っていた。土佐の者は赤ん坊までは殺さなかったが、水戸は女も子供も皆殺してしまったものだ。だから明治十七年に五爵の制〔華族制度＝筆者注〕を設け維新の功労者を調べても華族に列すべきものを三百人か挙げたうちに水戸の者は一人も居らなかった。それから明治二十年にわれわれが関係して調べた時にも誰も居らない。香

川敬三、これは東湖先生の弟子で、神主をしていた。それと山口徳之丞正定、これくらいのものである。それで香川は子爵、山口は男爵にされたが、そのほかにはない。

明治二十年（一八八七）といえば、田中が伊藤博文内閣の内閣書記官長（内閣官房長官の前身）時代である。この回想録から、幕末・維新で人材が枯渇してしまった水戸藩の出身者で立身出世した者が少ない現状について、田中が深く同情し、気にかけていたことがわかる。

維新の元勲と水戸藩

水戸殉難者の顕彰に関する田中の関与に触れる前に、大久保利通や西郷隆盛、木戸孝允ら「維新の元勲」たちと水戸藩との関係を概観しておこう。

万延元年（一八六〇）三月の桜田門外の変の当初計画では水戸藩が井伊を斃《たお》し、薩摩藩も京都に出兵する計画だった。しかし、薩摩藩主実父で後見人の島津久光《しまづひさみつ》の説得で、薩摩藩は挙兵せず、桜田門外の変の襲撃に参加した薩摩藩士は有村次左衛門一人だけだった。結果的に薩摩藩は桜田門外の変を起こした水戸藩脱藩浪士たちを見殺しにした。水戸藩と同時挙兵を唱えていた大久保や西郷隆盛らの胸中には、盟約を交わした水戸藩士に対する負い目があったであろう。

桜田門外の変後も、水戸浪士らが中心となった東禅寺事件や老中安藤信正《あんどうのぶまさ》の襲撃事件（坂下門外の変）が続出するが、これらの事件を陰で煽《あお》った主要人物の一人は当時、桂小五郎すなわち木戸孝允だった。

水戸藩と長州藩の有志の間では、水戸藩の尊攘派が幕府要人や外国人を襲撃する「破」を担い、これらの事件に乗じて長州藩が幕政改革をはかる「成」の役割をはたす「成破の盟約」が締結されていた。幕末の政局転回を決定づける軍事同盟は、土佐藩脱藩浪士の坂本龍馬が立ち会いのもと、西郷隆盛と木戸孝允との間で結ばれた慶応二年（一八六六）一月二十一日の「薩長盟約」が有名である。しかし、実はこの六年前に交わされた「成破の盟約」によって、幕府の屋台骨を揺さぶる事件が続発されることとなり、幕府の内部崩壊が加速されたのであった。

元治元年（一八六四）の天狗党の乱でも、藤田小四郎らの挙兵を裏で扇動した中心人物は木戸孝允だった。木戸は軍用金一千両のうち前金として五百両を小四郎に渡し、気脈を通じる水戸藩の尊攘派を徹底的に利用したのだった。

天狗党の乱の鎮圧後、幕府は武田耕雲斎ら三百五十名余を大量虐殺するが、大久保はその残虐さに憤慨して日記に「是を以《もっ》て幕府滅亡のしるしと察せられ候」と書き残した。

討幕に成功した木戸や大久保らにとって桜田門外の変は「幕府転覆の原点」であり、それ以降の事件に関わった水戸藩の尊攘激派の殉難者は彼らの「同志」的存在だった。

しかし、幕末殉難者の合祀作業が本格する前に、木戸や大久保、西郷らの「第一維新の元勲」たちはこの世を去った。

木戸や大久保らの跡を継いだのが「第二維新の元勲」とよばれた伊藤博文である。その伊藤も俊輔と呼ばれた青年時代、木戸孝允の若党、いわば秘書役として各藩の志士との交渉に奔走しており、水戸藩の尊攘派について強烈な印象と畏怖《いふ》の念を抱いていたことは、伊藤の直伝や交流のあった関係者の回顧談などでも明らかとなっている。

その伊藤の第一次内閣時代、初代内閣書記官長として仕えたのが田中光顕であったが、この時期の彼の業績として残っているのは、幕末期に活躍した国事殉難者の事蹟調査だった。たとえば、明治二十三年（一八九〇）、宮内大臣だった土方久元から山田顕義への書簡の中に内閣書記官長の田中光顕が取り調べた贈位候補者として、真木和泉守、武田耕雲斎、平野次郎、武市半平太、久坂義助（玄瑞）らの名前が列挙されている。

これらの人物のうち武田耕雲斎を除く人物は前述した通り、明治二十四年四月八日、それぞれ正四位を追贈されている。幕末殉難者の贈位に関連した対象者のリストアップについて、田中が主導的役割を果たしていたのであった。

香川敬三と武田猛の連携

表6は、『贈位諸賢伝　増補版』を基に、明治期の水戸藩出身者（旧藩主などを含む）の贈位を受けた人々を集計し、贈位発令の年月日順にまとめたものである。

表6　贈位を受けた水戸藩出身者

年 月 日	贈位を受けた人物	合計人数
明治 2・12・20	徳川光圀（贈従一位），徳川斉昭（同）	2
22・ 2・11	藤田東湖（贈正四位）	1
24・ 4・ 8	戸田忠太夫，会沢安，安島帯刀（贈正四位）	3
24・12・17	松平頼徳（宍戸藩主，贈従三位），藤田幽谷，武田耕雲斎，山国兵部（贈正四位），藤田小四郎（贈従四位）ら	14
31・ 7・ 4	鮎沢伊太夫（贈従四位）	1
33・11・16	徳川光圀（贈正一位）	1
35・11・ 8	安積覚兵衛，大場一真祭（贈正四位），原市之進（贈従四位）ら	28
36・ 6・27	徳川斉昭（贈正一位）	1
36・11・13	白石平八郎，白石内蔵進	2
40・ 5・27	武田彦右衛門，竹内百太郎（贈従四位）ら	41
40・11・15	徳川治保（贈正二位），佐々介三郎（贈従四位）ら	13
44・ 6・ 1	松平昭訓（贈従三位），有賀半弥ら	15

『贈位諸賢伝増補版』上・下を基に集計，作成した。

それによると、明治二年（一八六九）十二月に徳川光圀（水戸藩二代藩主）と徳川斉昭（同九代藩主）に従一位が追贈されたのを皮切りに、明治四十四年六月まで計十二回行われ、百二十名の同藩出身者に贈位が発令されている。南北朝時代の南朝側の忠臣（茨城県出身）や水戸藩以外の同県関係者の贈位を含めると百二十七名となるという研究データもある。

これら茨城県出身者の贈位実現で中心的な役割を果たした人物は誰だったのであろうか。皇學館《こうがっかん》大学史料編纂所（三重県伊勢市）で香川敬三の子孫である香川拡一氏から借用、整理中の約二万五千点に及ぶ「香川敬三関係文書」の中に、その謎をひもとく史料はあった。

同大学教授の上野秀治氏の調査研究により、

近年、明治期に香川敬三と頻繁に書簡のやりとりを行っていた武田猛《たけだたけき》という耕雲斎《こううんさい》の遺児の存在がクローズアップされている。明治三十五年以降、特に旧藩主の徳川斉昭や同藩出身者の贈位について、武田猛が水戸にて尽力し、香川敬三の意見を聞いたり、政府側への働きかけを依頼するなど、多くの香川宛書簡を発信している（上野秀治「香川敬三と茨城〈上〉」）のである。

武田猛は嘉永三年（一八五〇）生まれ、武田耕雲斎の五男である。元治元年の天狗党の乱では父に付き従い、京都に向かって西上する際にも従軍している。天狗党が加賀藩を頼って降伏する直前、父の指示で越前新保（福井市）より離脱し、京都や鳥取、岡山藩領に潜伏して明治を迎える。

維新後、司法省に入り、各地の裁判所勤務を経て愛媛県庁に勤務。さらに検事に採用され、大阪地方裁判所、京都地方裁判所検事などを歴任後、明治二十八年（一八九五）に退職する。その後、地元・水戸に戻り、幕末期に非業の最期を遂げた天狗党殉難者の顕彰に心血を注ぎ、贈位嘆願運動などに尽力するのであった。

一方、香川も水戸における最も信頼する人物として武田の相談相手となり、旧藩主や天狗党の贈位嘆願運動でも種々の助言を行っていた。天狗党関係者への贈位などの顕彰は、まさに香川と武田猛の二人三脚といってもいいほど、濃密な関係にあった。

尊王攘夷の象徴、徳川斉昭に正一位

具体的な事例の一部を、香川宛武田猛書簡から見ていくことにしよう。

明治三十六年（一九〇三）六月二十七日、徳川斉昭に位階の最高位である正一位が贈られた。斉昭にとっては死後の文久二年（一八六二）に従二位（官位は大納言）、そして明治に入って同二年十二月に従一位が贈られており、三度目の追贈である。

明治以降に正一位を贈られたのは、岩倉具視や島津《しまづ》斉彬《なりあきら》、毛利《もうり》敬親《たかちか》、北畠《きたばたけ》親房《ちかふさ》、織田信長、豊臣秀吉ら十二名しかいない。

徳川斉昭（大洗町幕末と明治の博物館所蔵）

正一位は江戸時代において、摂政・関白経験者や将軍の死後に贈られる習わしとなっていたが、徳川御三家である水戸徳川家の藩主の追贈の最高位は従二位止まりとする慣例があり、位階最高位の正一位の授与は江戸時代では考えられない。

この贈位実現に当たって、武田猛は明治三十五年十月、元水戸藩士の朝倉政道（常磐神社宮司）、酒泉直らと連名で、斉昭への贈位を嘆願する「烈公贈位哀願書」を二通作成した。一通は、斉昭と縁戚関係にあった有栖川宮《ありすがわのみや》威仁《たけひと》親王宛てであり、もう一通は長州藩出身の桂太郎首相宛てだった。武田はこの二通の写しを香川に送るとともに、同月下旬、河野忠三・茨城県知事に対し、首相宛ての哀願書の上申を依頼した。

香川は有栖川宮に面談し、有栖川宮からは香川が直接首相に依頼するように助言を得たことを踏まえ、同年十一月上旬、桂太郎首相に会った様子を武田に知らせている。

一方、河野知事も武田の申し入れを快諾し、知事の添書も同封して同年十月下旬、内務省を経由しないで直接首相宛に進達した。

武田や香川が斉昭の贈位実現にこだわったのは、明治三十四年五月に島津斉彬、毛利敬親がともに正一位を追贈されたことが大きな要因だった。

島津斉彬、毛利敬親は幕末期に活躍する薩摩、長州両藩の藩主である。桂首相宛の哀願書の中に斉昭の幕末期の功績を列挙した後に「島津斉彬、毛利敬親二卿勤王の功労を録せられ正一位追贈下賜の恩命ありし例に準じ…」と述べているように、幕末期に王政復古に尽力した薩長両藩の藩主と「同功一体前後同一（功績が変わらない）」と指摘しているのである。武田ら水戸藩藩士が薩長両藩に強い対抗心を燃やしていたことが読み取れる。

ちなみに、斉昭に正一位が贈られた時期は、日露戦争前夜であり、対露交渉開始が決定される御前会議の一週間前、そして対露交渉を打ち切り開戦が決定される御前会議（明治三十七年二月四日）の八カ月前だった。文化元年（一八〇四）九月、通商を求めてロシア使節レザノフの長崎入港以来の対外危機の要因の一つはロシアの日本近郊への進出であった。幕末期の尊王攘夷運動の象徴的存在であった斉昭への最高位の追贈は、幕末以来の水戸藩藩主の功績を認め、その実績を強調するとともに、ロシアとの開戦を控え国民の戦意高揚の思惑があったのかもしれない。

靖国神社にすでに合祀されていた坂本龍馬が、葉山に静養中の昭憲皇后（明治天皇の妃）の夢枕に立ち、「我が海軍を守護せん」と述べたとされる伝説も、日露開戦前夜の頃の話である。皇后大夫の香川敬三からこの話を伝え聞いた宮内大臣の田中光顕が龍馬の写真を献上、この写真をみた皇后が「（夢枕に立ったのは）まさにこの人物である」と驚いたという筋書きである。時事新報などの新聞に掲載されたこともあって、龍馬を「日本海軍の守護神」と一躍有名にする「瑞夢《ずいむ》事件」として知られる。幕末当時、龍馬と親しい間柄であった香川と田中の合作による演出らしいが、こちらの方は戦意高揚の意図がより明確である。

次に明治四十年（一九〇七）、旧茨城県出身者の贈位が二度にわたって行われるが、水戸在住の武田猛が主に敦賀で刑死する天狗党殉難者の贈位嘆願書を作成し、香川の意見を聞きながら、茨城県知事を通じて贈位実現を図った。

明治四十年の茨城県出身者への贈位では、まず同年五月二十七日、主として敦賀で刑死した武田彦《たけだひこ》右衛門《うえもん》や山国淳一郎、竹内百太郎《たけうちひやくたろう》、朝倉源太郎ら四十一名に正四位～従五位が追贈された。

また、同年十一月十五日には、十三名の茨城県出身者が贈位を受けているが、主な人物は大日本史編さんの功労者として水戸藩六代藩主の徳川治保《とくがわはるもり》（一七五一―一八〇五）や「助《すけ》さん」の愛称で知られる佐々介三郎、『大日本史』編さん中興の祖である立原翠軒《たちはらすいけん》のほか、南朝の中心人物として那珂通《なかみち》辰《とき》や関宗政《せきむねまさ》ら四名、天誅組《てんちゅうぐみ》の変と生野《いくの》の変の殉難者として岡見留次郎、小河吉三郎《おがわきちさぶろう》、川又左一郎《かわまたさいちろう》の三名だった。

　これら贈位を受けた人物のうち、武田猛が最も力を入れて贈位嘆願したのは、敦賀で刑死した殉難者だった。すでに父耕雲斎や武田小四郎ら最高幹部四人には明治二十四年に正四位が贈られていたが、父とともに敦賀で非業の最期を遂げた人たちへの贈位は武田の悲願だったに違いない。

　香川からは申請漏れはないか、西上途中の交戦での戦死者や京都をはじめ各地で国事に殉じた者の掘り起こしなど種々の意見が寄せられたが、武田は対象者の事蹟を調査し、贈位候補者として五十名に絞り込み、茨城県を通じて贈位内願書を進達した。

　五十名のうち贈位が認められたのは四十一名だった。贈位から漏れた九名の名前は不明であるが、武田猛の兄であった彦右衛門や魁介にも従四位が追贈され、多くの先輩にも恩典の光が施された。敦賀で処刑された天狗党中堅幹部の顕彰に尽力した武田にとっても満足いく内容であったろう。

田中光顕による追贈

　これら茨城県出身者が贈位を受ける明治三十年代から四十年代にかけ、宮内大臣の要職にあったのが、田中光顕だった。贈位は閣議決定後、天皇の裁可を得て発表されることになっており、最終決定者は天皇である。田中は「僕の在職中はなかなか贈位の御沙汰が多く其《その》都度副署の光栄を承まった」と述懐しているが、薩長藩閥政府の中にあって土佐出身の田中が果たした役割は少なくなかった。

高田裕介氏の調査研究によれば、田中の宮内大臣在職中に六百六十七名に及ぶ人物に位階の追贈が行われるが、この期間の贈位者は明治期の贈位総数の六割に達した。このうち、旧水戸藩出身者への贈位は八十二名と最も多く、次いで多かったのは八十一名の土佐藩出身者であり、「土佐藩出身者・水戸関係者に集中的に位階の追贈がなされ」（高田裕介「維新の記憶と『勤王志士』の創出」）、贈位を通じた「勤王家」像の形成に大きな役割を果たしたといえる。

「水戸が勤王の首唱《しゅしょう》をなし、王政復古の指南をしたことは大いに表彰せねばならぬ」というのが田中の持論であった。田中はかねがね「徳川氏の滅ぶるゝ鳥羽伏見にあらずして、征長の役〔幕長戦争＝筆者注〕に在り、征長の役〔幕長戦争＝筆者注〕にあらずして、桜田の美挙に在り」と述べ、井伊大老を襲撃した「桜田烈士」を「維新志士の功績の第一」と高く評価した。

昭和四年（一九二九）には、茨城県大洗町《おおあらいまち》に常陽明治記念館（現在の大洗町幕末と明治の博物館）を建設し、彼自身の出身地である土佐の藩士とともに水戸藩士の顕彰に尽力するのであった。

贈位は各府県知事が内願書を作成し、関係者の請願書や対象者の事蹟書などを添付して内務省に進達し、さらに内務省が総理大臣に上申し、内閣で事蹟などを調査した上で、総理大臣が決定（閣議決定）した後、天皇の裁可を得て発表となる。陸軍省が実質的な権限を有する殉難者の合祀以上に政治力が物を言う余地が大きい。その意味で、中央に代弁者を持たなかった茨城県関係者にとって、田中光顕はよき理解者であった。

靖国に祀られた女性たち

靖国神社には五万七千余柱の女性の祭神が祀られている。

日赤の看護婦や沖縄戦で戦没した「ひめゆり部隊」の女子学生、疎開のために沖縄から鹿児島に向かう途中、米軍によって沈められた対馬丸に乗っていた学童、さらには終戦直後ソ連軍が迫る中で自決した樺太・真岡郵便局の九人の女子電話交換手などが知られる。とくに目立つのは日赤の看護婦として、内地の陸軍病院や病院船、戦地に赴いて負傷した軍人への献身的な看病の末、伝染病などに感染して病没した女性たちであった。

『靖国烈女伝』（出版文化研究会、一九四一年）には、こうした女性たちの奮闘ぶりが数多く紹介されているが、軍人・軍属ではなかった看護婦の合祀も召集による公務とみなされた。伝染病感染による病死も日清戦後、男性の軍人同様、「特別合祀」の対象となり、その一部は救済されることになる。

こうした女性祭神たちのほか、靖国神社には幕末・維新期に尊攘派の志士として活動する夫や尊王の志士たちを支え、非業の死を遂げた女性たちも祀られている。

表7　幕末・維新期の女性祭神

氏名（年齢）	身　分	没　年	死因	合祀年	贈位
山城美与	農　婦	1868・8	戦死	1869	
野村望東尼（62）	福岡藩士の寡婦	1867・11	病死	1891	正5位
川瀬　幸（50）	川瀬太宰の妻	1865・6	自刃	1891	正5位
石原多免（66）	水戸藩士の妻	1864・9	自刃	1891	
中村以保（82）	田丸直允の妻	1865・2	病死	1891	
人見　延（49）	武田耕雲斎の妻	1865・3	斬罪	1891	
阿久津梅（19）	同妾	1865・6	病死	1891	
藤田　幾（43）	同長男正勝の妻	1865・9	獄死	1891	
山国千恵（29）	山国共昌の娘	1865・7	獄死	1891	
矢吹奈津（51）	同妾	1865・6	病死	1891	
山国美壽（14）	同長男共惟の娘	不　詳	獄死	1891	
林　久理（2）	同の娘	1865・8	獄死	1891	
福地彌壽（17）	田丸直允の娘	1865・2	獄死	1891	
田原多加（35）	田原道綱の妻	1865・8	戦死	1891	
田原千代（17）	同長女	1865・6	病死	1891	
田原喜代（2）	同二女	1865・1	獄死	1891	
井上美与（62）	農　婦	1865・9	病死	1891	
落合ハナ	薩摩藩士の妻	1867・12	戦死	1891	
角田ヒデ	棚倉藩の農婦	1868・6	戦死	1891	
川内美岐	松前藩足軽の妻	1868・12	自刃	1891	

『靖国神社忠魂史』『靖国神社百年史』などを基に作成した。

表7は幕末・維新期に死没した二十名の女性祭神をまとめた一覧であるが、女性祭神の第一号は、戊辰戦争中の明治元年八月二十日、「賊軍」の流れ弾に当たって戦死した羽後国秋田郡扇田村（秋田県大館市扇田）の農業八右衛門の妻、山城《やましろ》美与《みよ》だった。彼女は、奥羽列藩同盟に加わった盛岡藩兵が秋田領内に侵入した際、病弱の夫に代わって「官軍」側に立った秋田藩の糧食・弾薬の輸送に奮闘したとされる。明治二年六月、東京招魂社に合祀された三千五

百八十八名のうち、ただ一人の女性祭神となった。

戊辰戦争で戦没した女性の祭神ではこのほか、同じく「官軍」側の糧食輸送に当たっていた際、流れ弾に倒れた棚倉藩の郷士増子市左衛門の妻、角田ヒデと、土方歳三率いる旧幕府軍の一隊が松前城に迫り、城兵の多くが退去する中、自刃して果てた松前藩足軽北島幸次郎の妻、川内美岐《かわちみき》の二人がいる。この二人が合祀されたのは、第一回合祀から二十二年後の明治二十四年（一八九一）十一月だった。

戊辰戦争関係の祭神は戦死者だけでなく、自決や病死など、さまざまな死に方の人が合祀されているが、「官軍」側に参加した諸藩の召集兵が基本だった。戦闘員ではなく、物資輸送などの後方支援に当たっていた山城美与の合祀は、五稜郭の戦いが終わってから四十日余という慌ただしさの中での第一回合祀という事情もあったが、異例の扱いだったといえよう。

残る十七人は維新前に死没した女性たちであるが、最も有名なのは、憂国の志士を命がけで庇護《ひご》した野村望東《のむらもと》、川瀬幸《かわせさち》であった。

野村望東は福岡藩士の浦野勝幸の三女で、同藩の野村貞貫の後妻となり、夫の死後剃髪《ていはつ》して望東尼《もとに》と称した。女流歌人としても知られる。尊攘運動が高まり、諸藩の志士で望東尼の名声を聞いて山荘を訪れる者が多くなると、これらの志士たちを庇護し、決起を促した。このため、藩命により姫島に流されたが、高杉晋作に救出された。高杉の死に目をみとり、慶応三（一八六七）年十一月、長州の三田尻《みたじり》で没した。六十二歳だった。

川瀬幸は彦根藩医の娘で、聖護院《しょうごいん》宮家人池田法眼の養女となったのち、膳所《ぜぜ》藩士の川瀬太宰の妻となる。夫妻ともに熱心な尊攘派の活動家であり、居宅を諸藩の志士たちの潜伏先として提供するなど命がけで志士を匿《かくま》うが、慶応元年（一八六五）五月、新選組に逮捕される。幸も自宅で新選組に拘束される際、身嗜《みだしな》みを直すと称して重要書類を焼失させた上で自刃した。享年五十。

野村望東尼と川瀬幸の二人は靖国神社に合祀されて間もない明治二十四年（一八九一）年十二月に正五位を贈られた。

落合ハナは薩摩藩士落合孫右衛門の妻で、慶応三年（一八六七）年十二月二十五日未明、江戸警備の庄内藩兵が三田《みた》の薩摩・佐土原両藩邸を囲んで焼き打ちにした際、夫とともに防戦に努めたのち、敵中に切り込み、戦死したと伝えられる。

水戸藩「十四烈女」の合祀

最も悲惨な最期を遂げたのは、敦賀で処刑された水戸天狗党の首領、武田耕雲斎の一族の妻子をはじめとする水戸藩士の婦女子十四人だった。

武田耕雲斎と長男の彦衛門正勝の妻子や山国兵部共昌と長男淳一郎共惟、田丸稲之衛門らの家族は、天狗党の挙兵後の元治元年（一八六四）夏ごろから、水戸城下の赤沼《あかぬま》牢に次々と投獄されていた。翌年二月五日、敦賀で処刑された武田耕雲斎や藤田小四郎ら四人の首級が水戸に護送されてくると、水戸藩の市川三左衛門らは耕雲斎の妻、人見延《ひとみとき》とその子二人を斬罪の上梟首《きようしゆ》とし、孫三人に死罪を申し付けた。

斬首に処せられた武田一族では、わずか三歳の男児も含まれた。藤田東湖の妹で武田正勝の妻の幾《いく》や山国兵部の孫で二歳の女児をはじめ、投獄された女性たちのほとんどは獄死した。敦賀での大量処刑に加え、二、三歳の幼童を含むその家族にまで虐待を加えた水戸藩諸生党と幕府のむごい仕打ちは、天下を震撼《しんかん》させた。

明治二十三年(一八九〇)十月二十六日から四日間、明治天皇と昭憲《しようけん》皇后が初めて水戸を訪れた。近衛師団の秋季演習の視察が目的だったが、皇后は公務の合間、偕楽園《かいらくえん》の好文亭《こうぶんてい》などにも立ち寄り、各地で水戸市民の熱烈歓迎を受けた。この模様を、『明治天皇紀』(第七巻)は「水戸は維新勤王の発祥地たり(略)今日始めて静駕を迎えたてまつる、士民歓喜の状以《もつ》て想《おも》うべし」と伝え、さらに滞在最後の二十八日夜のことを次のように記録している。

是の夜皇后、皇后宮大夫香川敬三及び正定〔主殿頭山口正定=筆者注〕を御間に召して、斉昭の忠誠は勿論《もちろん》、水戸藩代々の勤王の事績誠に感じ入ると告げたまい、更に茨城県参事官藤田健を召して謁を賜い、告げて曰《いわ》く、汝《なんじ》の母久しく病むと、今日見るを得ざりしは誠に遺憾とする所なり、宜《よろ》しく厚く療養を加えよと、白絹一匹・金百円を下賜たまう藤田健は藤田東湖の次男で、母は東湖の妻の里子のことである。里子は七十六歳で存命中であったため、皇后は好文亭に立ち寄った際、里子と会うのを楽しみにしていたらしいが、里子は中風症を患って面会を辞退したことを伝え聞いて息子の健を招いた。この夜、昭憲皇后のお側近くに呼ばれた香川、山口、藤田の三人は、皇后に問われるまま、何を語りかけたのだろうか。

武田耕雲斎の妻の人見延や藤田東湖の妹の幾ら十四人を含む幕末・維新期の女性十九人が靖国神社に合祀されたのは、明治天皇と昭憲皇后が水戸へ行幸啓した一年後の明治二十四年十一月五日のことだった。

3 非合祀の群像

靖国に祀られざる人々

表8は、靖国神社に祀られていない幕末維新期とそれ以降の主な人物を列挙したものである。戊辰戦争以降の祭神は基本的に天皇を奉じる「官軍」＝政府軍側の戦没者を祀っているため、対極の関係にある、いわゆる「賊軍」＝反政府軍側の戦没者は祀られていない。新選組局長の近藤勇や彰《しょう》義隊《ぎたい》、白虎隊《びゃっこたい》（会津藩士）をはじめ、反政府軍の奥羽列藩同盟に加盟した長岡藩家老の河井継之助《かわいつぐのすけ》、水戸藩の諸生党《しょせいとう》首領の市川三左衛門《いちかわさんざえもん》らが代表的な事例であろう。

戊辰戦争後の士族の反乱では、「朝敵」となった西郷隆盛や江藤新平《えとうしんぺい》、前原一誠《まえはらいっせい》らは、すでに見たように大日本帝国憲法発布に伴う大赦令（勅令第十二号）で賊名が解かれたものの、天皇の政府に弓を引いた「反逆者」として靖国神社に祀られることはなかった。

維新後、明治政府の屋台骨を担った薩長出身の大久保利通や伊藤博文は内務卿や韓国統監府統監をそれぞれ務め、暗殺されるが、死没時の状況が内戦や対外戦争に起因する戦死者でないため、合祀の対象とはならなかった。同じく明治初期に暗殺された新政府参与の横井小楠《よこいしょうなん》や参議広沢真臣らも軍人ではなく、同様の理由で合祀されていない。

日露戦争の旅順攻略で名をはせた長州藩出身で陸軍大将の乃木《のぎ》希典《まれすけ》は、明治天皇の崩御に際して殉死したもので、これまた、戦死者ではないため、合祀されることはなかった。乃木は死後に正二位を

表8　靖国神社に合祀されなかった主な人々

人物（年齢）	没年	死因	身　分	贈位（年）
井伊直弼	1860	暗　殺	幕府大老	
吉田東洋	1862	暗　殺	土佐藩士	
田中新兵衛	1863	自　決	薩摩藩士	
佐久間象山	1864	暗　殺	松代藩士	正四位(1889)
田中愿蔵	1864	斬　刑	水戸藩士	
岡田以蔵	1865	斬　刑	土佐勤王党	
赤禰武人	1866	斬　刑	奇兵隊総管	
滝善三郎	1868	切　腹	岡山藩士	
近藤　勇	1868	刑　死	新選組局長	
彰義隊	1868	戦死等	幕臣等	
河井継之助	1868	戦傷死	長岡藩家老	
白虎隊	1868	自　決	会津藩士	
市川三左衛門	1869	逆　磔	水戸藩執政	
横井小楠	1869	暗　殺	新政府参与	正三位(1928)
梅村疎水	1870	病　死	高山県知事	
広沢真臣	1871	暗　殺	新政府参議	正三位(1871)
河上彦斎	1871	斬　刑	熊本藩士	
江藤新平	1874	斬　刑	元参議	正四位(1916)
太田黒伴雄	1876	自　決	神風連首領	正五位(1924)
前原一誠	1876	斬　刑	元兵部大輔	従四位(1916)
西郷隆盛	1877	自　決	元陸軍大将	正三位(1889)
大久保利通	1878	暗　殺	内務卿	従一位(1901)
伊藤博文	1909	暗　殺	元首相	
乃木希典	1912	自　決	陸軍大将	正二位(1916)

追贈され、乃木神社の祭神としても祀られており、生前すでに伯爵を賜るなど栄達を極めた軍人はもちろん合祀の対象外だった。「合祀は明治天皇の御思召に依《よ》るもの」とされ、その聖旨《せいし》は「戦死または戦役勤務等に起因し死亡したる者」とされたからである。日露戦争の日本海海戦でロシアのバルチック艦隊を破り、名声を博した東郷平八郎《とうごうへいはちろう》（薩摩藩出身）のような「功成り名を遂げ」て天寿を全うした軍人は「武人望外の幸運者」とみなされ、いかに国家存亡の危機であった対外戦争の殊勲者であっても合祀されることはなかった。

そこで論議となるのは、戊辰戦争以前に死没した幕末動乱期の国事殉難者である。

幕末殉難者の合祀手続きは前述の通り、主に対象者の出身地の府県側が合祀を申請し、府県を管轄する内務省が陸軍省などと協議し、天皇の裁可を得て決定されることとなっていた。合祀の詮衡《せんこう》は、申請窓口の府県を管轄する内務省が一定の影響力を保持していたが、長州閥が実権を握る陸軍省や元老の意向が絶大だった。

井伊直弼は一国の総理に相当する幕府大老の要職にあり、在職中にテロに斃《たお》れたことから、現代人の感覚からすれば、国事殉難者とみられてもおかしくない。しかし、井伊は前述した通り、大老に在職中、安政の大獄を断行した張本人であり、薩長を中心とする政府高官から「諸悪の根源」とみなされた。大獄で処刑された長州藩の吉田松陰や橋本左内、そして桜田門外の変で井伊を暗殺した当事者の水戸浪士らが靖国神社に合祀された以上、その対極の関係にあった井伊が祀られることはなかった。

土佐藩士であった佐幕派の吉田東洋《よしだとうよう》も文久二年（一八六二）、土佐勤王党の那須信吾《なすしんご》らによって暗殺されるが、「第二の井伊」とみなされて合祀されなかった。

表8の中で、「非合祀」という従来の扱いに評価が分かれるのは、長州藩の奇兵隊《きへいたい》総管を務めた赤禰武人《あかねたけと》と天狗党内で唯一、討幕を主張した田中愿蔵《たなかげんぞう》の二人であろう。

奇兵隊総管・赤禰武人の功罪

赤禰武人は農民出身で、長州藩家老の浦靱負《うらゆきえ》の家臣となり、文久三年（一八六三）、攘夷の実行部隊である奇兵隊に参加し、奇兵隊第三代総管に任命された。元治元年（一八六四）八月、馬関での欧米四国連合艦隊との砲撃戦での指揮をとるが、幕府による第一次幕長戦争時に伴う同藩内の内訌《ないこう》戦で、高杉晋作や山県狂介《やまがたきょうすけ》（有朋）ら討幕派と対立して奇兵隊を離脱する。その後、久留米藩脱藩浪士の淵上郁太郎《ふちがみいくたろう》とともに上京するが、大阪で幕吏に捕縛され、京都六角牢に投獄される。獄中から長州藩追討で軍事的衝突は避けるべきであるとの趣旨の意見書を提出して釈放された。

慶応元年（一八六五）十一月、郷里に戻り、長府藩主や岩国藩主に幕府との和平論を説くが、生まれ故郷の柱島で捕縛、翌年一月二十五日、「多年の御厚恩を志棄し不義不忠の至り」との罪状により山口で斬首に処せられた。高杉晋作らの長府功山寺で椋梨派《むくなし》（俗論派）討伐の挙兵に反対し、「俗論派」政権や幕府に内通していたという嫌疑がその理由とされた。

これに対し、明治三十九(一九〇六)年十月、赤禰武人の義弟赤禰篤太郎が史談会に贈位請願書を提出し、明治四十四年一月召集の第二十七回帝国議会で贈位請願が採択された。赤禰と一緒に贈位請願された淵上郁太郎には同年十一月、正五位が追贈されたが、赤禰への贈位は見送られた。

その背景には、同じく奇兵隊出身で明治の元老として政官界に絶大な権力を有していた山県有朋が内務省に提出していた「贈位反駁《はんばく》意見書」の存在があった。

これらの意見書の趣旨は、藩閥系の『やまと新聞』に掲載された「赤禰武人の功罪」の「其の一」から「その十」(「古希老公今昔譚」)までに詳しく掲載された内容とほぼ同一である。「古希老公」とは公爵山県有朋を指すのは言うまでもないが、赤禰への贈位請願は元老の逆鱗に触れたのか、史談会が贈位理由として議会に提出した赤禰武人の事歴を取り上げて批判・反論する形で、「赤禰は贈位に値しない人物である」と徹底的に酷評するものであった。

「古希老公今昔譚」の筆者は、山県有朋の肝いりで発刊された『東京新報』の主筆や『東京日日新聞』の主幹を務めた朝比奈知泉《あさひなちせん》だった。彼は諸生党幹部の朝比奈弥太郎の分家筋の出身であったが、明治期、藩閥擁護のために健筆を振るった新聞人と知られた。

山県が赤禰武人の名誉回復を阻止するため、藩閥系の新聞も動員して攻勢をかけてきたことに加え、山県らの意見書に対し、政府もひそかに山県らの意向に従う決定をしていたのであった。国立公文書館所蔵の内閣文書「故赤禰武人贈位の請願の件」(衆乙第二〇二号)によれば、その内容は次の通りである。

故赤禰武人贈位の請願の件（衆議院議決）に対し別紙の通内務大臣より請議之有り候右請願は当時の事情に精通せる故山県公爵及び三浦子爵の意見に依《よ》るときは贈位の功績なき者と認めらるに付（中略）当時の史談会代表大原伯爵提出に係る史実に対する故山県公爵及三浦子爵の見解を至当とするときは本請願は之を詮議《せんぎ》せさることに決定相成

大正十五年（一九二六）の帝国議会で赤禰武人の贈位が決議されるが、赤禰の贈位は永久に実現することはなかった。内閣文書にある通り、議会が採択しても、その請願理由が山県、三浦が内閣に提出した意見書に抵触する場合は、これを内閣では取り合わないことを決定していたからである。山県が大正十一年に死去した以降も、山県らの意向に沿った赤禰武人の贈位却下の方針は生き続けることになる。

天狗党の異端・田中愿蔵の誕生

赤禰武人がかつての同志たちからはしごを外され、名誉回復の機会が抹殺されたように浮かばれないのは、水戸天狗党の異端、田中愿蔵も同様である。

愿蔵は元治元年（一八六四）三月、藤田小四郎らとともに「尊王攘夷」を掲げて筑波山に挙兵した水戸天狗党の首謀者の一人であることは紛れもない事実である。しかし、郷里の茨城県でも、その存在はほとんど知られていない。しかも、同県内には今もって子孫が建立した記念碑「田中愿蔵生誕の地」を除き顕彰碑ひとつないのである。

彼と最後まで行動を共にした田中愿蔵隊の同志や部下の中には、西山常蔵らのように靖国神社や地元の茨城県護国神社に祀られている人物もいるが、田中隊の隊長だった彼は、靖国神社はもとより地元の護国神社にも合祀されておらず、贈位の恩典にも漏れている。

長年、彼をもって「押借《おしがり》強盗」を事とする無頼の首領とされ、彼が軍用金調達を端緒として引き起こした元治元年六月の栃木町の焼き打ち事件（愿蔵火事）が影響し、評価が割れているのである。

事件の詳細は後述するが、軍用金調達に当たって相当強引な行為が行われたのは事実であろう。ただ、軍用金調達は誰かが引き受けなければならなかったことである。また、戦時下やむを得ぬこととはいえ、強引な手法そのものは非難されても仕方ないが末代まで「火付け・強盗」の罪人呼ばわりされるのは何故だろうか。

愿蔵をモデルや脇役にした小説も少なくはない。中には、中山義秀の短編小説「関東狂少年」や大仏次郎の「夕顔の小径」のように、愿蔵の生きざまを好意的に描いた作品もなくはない。しかし、その多くは「浮浪の徒」として片隅にその名前が出る程度である。充分な評価を受けているのか疑問である。

悪役のイメージは定着し、時代とともに増幅されるが、汚名の中で散った愿蔵とは一体、どのような人物だったのであろうか。

愿蔵は弘化元年（一八四四）三月十四日、常陸国久慈《くじ》郡東連地《とうれんじ》村（現在の茨城県常陸太田市東連地）に生まれた。父は水戸藩側医の猿田玄碩《さるたげんせき》（＝二代目玄碩）、母親は以久。幼名を彦吉と称す。のちに水戸藩側医田中秀貞に養子縁組し、名を愿蔵と改め、田中愿蔵を名乗ることになる。

愿蔵の祖父、猿田子敬の代に仁術を以《もっ》て患者に臨む医術が評判となり、水戸藩の側医（典医）に推挙され、以来猿田家の当主は玄碩を襲名する。水戸藩主七代徳川治紀《とくがわはるとし》、八代斉脩《なりのぶ》の二代の藩主に仕え、水戸城下に上屋敷（上金町）、下屋敷（紺屋町）を与えられた。

二代目の玄碩、つまり愿蔵の父親は隣国である下野国（栃木県）喜連川《きつれがわ》の足利氏旧臣で医師の高塩又四郎の次男。初代玄碩の三女うめの婿養子となり、猿田家を継ぎ、九代藩主斉昭に仕えた。二代目玄碩も水戸城下に上屋敷と下屋敷を与えられ、東連地で生まれた愿蔵も成長するにつれ、父や兄に従って水戸城下で育った。

愿蔵の兄弟姉妹は姉一人、兄四人。一番上の兄に当たる長男は、唯一郎といい、水戸馬口労片町で医師をしていた池永家の養子となった。三男の碩は分家して水戸市金町に父二代目玄碩とともに移住、医者をしていた。このほか、兄が二人いたが、いずれも一～三歳で早世した。

東連地の実家の猿田家を継いだのは長女の智恵で、染和田村中染（常陸太田市金砂郷）の関家から養子を迎えた。雄彦《かつひこ》といい、郷医を継いだ彼もまた、尊王攘夷派の志士で天狗党に属する活動家だった。

また、天狗党の乱の際、愿蔵とともに天狗党の挙兵に参加し、桐生、藤岡、渋川、下仁田《しもにた》などの上州各地で軍用金調達に活躍しながら、高崎藩に捕縛後、慶応元年(一八六五)二月四日に処刑された猿田忠夫は雄彦の三男だった。法輪寺に葬られ、大正三年(一九一四)四月、地元の有志らによって墓碑が建てられた。墓は現在、高崎市の城東公民館敷地にある。死没時の年齢は愿蔵より二歳下の十九歳で、命日は奇しくも武田耕雲斎や藤田小四郎らが敦賀で処刑された日と同じだった。

愿蔵が水戸市柵町の藩側医田中秀貞の婿養子となったのは、文久三年(一八六三)十二月十四日と伝えられる。二十歳の時だった。妻は田中秀貞の次女はるといい、当時十二歳だった。天狗党の挙兵三カ月前のことであり、愿蔵が実家には迷惑かけまいとする形だけの婚姻だったとみられる。

はるにはきんという姉がおり、はると姉、養母の三人は愿蔵が天狗党の乱に参加した後の元治元年九月から明治元年(一八六八)三月までの約三年半にわたって水戸の赤沼《あかぬま》牢に入牢させられていたという。

はるは、幕末期に京都にいた水戸藩士で「酒泉直滞京日記」の著者で知られた酒泉直と再婚し、昭和七年(一九三二)、八十歳で波乱に富んだ生涯を閉じた。はるの長男、彦太郎の妻よしが書いた昭和三十八年十一月十五日付のはがきが残されている。愿蔵の没後百回忌にあたる同年十二月に福島県塙町で挙行された「水戸天狗党百年祭」への出席依頼に対する返書とみられるが、興味深い文面なのでその一部を紹介する。

私の主人の母から当家〔酒泉家＝筆者注〕にまいりました。田中は娘ばかりでおります処、猿田家から源〔愿〕蔵が養子にまいり、田中源蔵となりました。但し、縁組はせず、すぐ筑波の藤田小四郎の同志達に加わり旗上げして、だんだん落ちのび、八溝《やみぞ》のふもとでとらわれ、塙町の川原で所〔処〕刑されたのです。さて、田中に養子にまいりました関係上、親戚という事になっています。

この文面からは、愿蔵の没後百年を経た戦後になっても、愿蔵とは名前だけの親戚であり、あまりかかわりたくないという趣旨がにじみ出ている。

猿田家はもともと、源氏の流れを組む名家の佐竹氏に仕えた猿田豊後守《ぶんごのかみ》の末裔《まつえい》であった。関ケ原の戦い後、佐竹氏が秋田に転封する際、猿田豊後守一族は旧地にとどまり、東連地村に土着、帰農した。今も東連地には猿田姓が多いのはこのためとみられる。

愿蔵が後に討幕を主張するようになったのも、この先祖の血縁と無関係といえない。佐竹の旧臣にとって、「殿様」とは佐竹氏であって、徳川家への帰属意識は薄い。そんなところに、後年に生じる、徳川御三家意識から抜け出せない藤田小四郎と愿蔵の路線対立の萌芽《ほうが》が潜んでいたのかもしれない。

激動の青年時代

愿蔵が父母のひざ下から離れて勉学を始めたのは六歳の時と伝えられる。五軒町《ごけんちょう》にあった原市之進《はらいちのしん》の菁莪塾《せいがじゅく》である。

菁莪とは、多くの人材を育て、それを楽しむという意味。「五軒先生」の愛称で親しまれた市之進の指導は人気を呼び、菁莪塾は塾生が百人を超える盛況ぶりだった。

市之進は藤田東湖のいとこで、後に江戸幕府十五代将軍となる徳川慶喜の懐刀として仕える人物として知られる。人生の前半は「冷静沈着」な尊攘激派の学者として過ごすが、慶喜の側近として兵庫開港問題に奔走するころから、開国派とみなされ、慶応三年（一八六七）八月十四日、攘夷派の幕臣に狙われてついに暗殺される。

菁莪塾の同門には、三歳年上の綿引東海《わたびきとうかい》や二歳年上の藤田小四郎、広岡子之次郎《ひろおかねのじろう》、川連虎一郎《かわづらとらいちろう》、小室左門らがいた。当時十七歳で最年長の綿引東海が塾頭格であったが、のちに広岡は桜田門外の変に参加し、小四郎や川連は天狗党の筑波挙兵に参加する愿蔵の同志だった。小室左門は文久三年（一八六三）、愿蔵らとともに上京後、そのまま京都に滞在し、水戸藩在京集団「本圀寺党《ほんこくじとう》」に所属していたが、鳥羽伏見の戦い後、赤報隊の別動隊である滋野井隊に加わり、軍律違反などに問われて非業の最期を遂げる。赤報隊事件の悲劇の犠牲者第一号だった。

在塾中の愿蔵は、藤田小四郎より年下ながら、鼻っぱしの強い生まれつきで、このころから小四郎と競争相手の気味だった（山川菊栄『幕末の水戸藩』）らしいが、塾における二人の成績は伯仲していたという。

愿蔵が十四歳の時、原市之進の添削を得た愿蔵の詩稿が、綿引東海の「東海遺稿」に収められているが、漢詩や短歌は愿蔵の生涯最も得意とするものだった。

愿蔵が菁莪塾から弘道館、さらに江戸に遊学し、幕府の最高学府、昌平黌《しょうへいこう》に学ぶのは十六、十七歳のころといわれる。安井息軒《やすいそっけん》に師事したとされる。愿蔵の遊学中の交流などを示す記録は皆無に等しいが、勉学に専念できるような時代状況ではなかった。

江戸遊学を終えた愿蔵は水戸に帰国するや、ただちに郷校の時雍館《じよう》（野口郷校）の館長となる。十九歳の時であった。

時雍館は斉昭の命名で創設された郷校で、嘉永三年（一八五〇）に開館された。野口村（現在の茨城県常陸大宮市）の野口宿の東方に位置する高台で、前方に那珂川《なかがわ》を隔てて遠く水戸を望み、対岸右手に絶景の景勝地・御前山があった。要害の地であり、有事の際は城郭としても使える設計で築城されたらしい。

開館当時は地方開業医である郷医の育成を目的に、医学を教科課程の柱に据えたが、後に和漢の学問以外に槍射砲の習得もできるようになり、文と武術の鍛錬所であった。

愿蔵が同館の四代目館長に就任するや、真っ先に手がけたのは館則の制定だった。

八項目に及ぶ学則が記された「野口時雍館講筵《こうえん》警」によると、講義は月一回で、内容は国学や経書、または医学書であった。雑談やわい談などは全て禁止し、質問や回答は文書に書いて行い、争論一切無用としている。医学生には病人の診療などの用事がある場合、届け出の上、それを優先するように配慮するなど、医者出身の若き教育者としての情熱の一面も伝わってくる。

当時、水戸藩領には十五の郷校があったが、元治元年（一八六四）当時、主な館長を列記すると、左記の通りであった。

時雍館長　田中愿蔵　二十一歳
太田益習館長　日下部訥斎
小川館長　藤田小四郎　二十三歳
玉造館長　竹内百太郎　三十四歳
潮来館長　林五郎左衛門　三十三歳
神勢館長　福地政次郎　五十五歳
大子館長　黒崎友山　四十三歳

これらの郷校は、安政年間（一八五四―六〇）ごろから、尊王攘夷運動の拠点となり、諸生党に属していた大子館長の里崎を除き、ここから天狗党の乱への多数の参加者が生まれた。幹部では、小川館長の藤田小四郎や玉造館長の竹内百太郎、神勢館長の福地政次郎らが有名であるが、愿蔵が最年少だった。

二年後、水戸藩領は本格的な内戦の舞台となるが、天狗党本隊から除名された愿蔵は一時、時雍館を拠点としている。諸生党の民兵組織である寺門登一郎隊の襲撃によって時雍館は焼失するが、恩師を慕って時雍館の門弟から愿蔵隊への参加者も目立った。わずか十五歳で愿蔵隊に身を投じ、棚倉《たなぐら》藩内で処刑された興野武彦もその一人で、彼は年少者ではあったが、のちに靖国神社に合祀された。

元治元年の相克

愿蔵が藤田小四郎らとともに筑波山に挙兵したのは元治元年（一八六四）三月二十七日だった。首謀者の小四郎は二十三歳という若年であったため、総大将に水戸奉行をしていた田丸稲之衛門《たまるいなのえもん》を担ぎ出すことに成功したが、部隊の中核は、小四郎や愿蔵をはじめ、竹内百太郎、岩谷敬一郎《いわやけいいちろう》、飯田軍蔵ら水戸領内各地の郷校を拠点に活動していた水戸藩の下級武士と豪農、そして他藩の尊攘派の浪士たちが中心メンバーだった。総勢百七十名ほどで、まもなく隊の布陣が発表された。田丸稲之衛門を総帥に、藤田小四郎、竹内百太郎、岩谷敬一郎の三人が全軍の総裁となり、その下に須藤敬之進、根本新平、服部熊五郎、三橋半六を隊長とする天勇隊、地勇隊、龍勇隊、虎勇隊が組織され、愿蔵は中軍（騎馬隊）の総隊長に任じられた。

一隊を任されることになった、愿蔵の部隊にはせ参じたのはどのようなメンバーだったのであろうか。

愿蔵の部下には上野（群馬県）や下野（栃木県）をはじめとする他国出身者が多く、髪を切って、異装の風体であったため「ザンギリ組」と称された。これは、田中が各地から集まって入隊した浪士たちの髪の毛を切って、ザンギリ頭とし、その髪の毛の一部は片身として郷里へ送り、残りを集めてそれを埋めて塚を造ったということから、この名が生まれた。隊員の多くは他藩出身の脱藩浪士や神職、農民、修験、馬喰《ばくろう》、僧侶、髪結《かみゆ》い、大工などの身分の低い層が中心で、「長脇差し」とよばれた博徒や浮浪の徒も少なくなかったため、総じて粗暴な集団と目されていた。

この中で、田中愿蔵隊の参謀となる土田衡平《つちだこうへい》は数少ない士分格だった。出羽国矢島の寄合旗本生駒家の家臣出身で、天保七年（一八三六）、土田又右衛門の次男として生まれる。安政元年（一八五四）、十九歳で同家の江戸留守居書記役となるが、安政四年、同家江戸家老と口論の末、脱走して京都に潜入。生駒家の菩提寺である妙心寺・玉龍院で法務を代理するかたわら、天誅組《てんちゅうぐみ》の変の参謀の一人、藤本鉄石《ふじもとてっせき》の門下で軍学を学んだとされる。

明治になってから書かれた『錦御旗《にしきのみはた》』によると、土田衡平は天誅組に参加したという記述もあるが、同書は明治二十年代に伝聞をもとに書かれたもので、衡平が天誅組に参加したことを裏付ける記録はない。彼は明治二十四年（一八九一）、共に田中愿蔵隊にはせ参じて相馬藩領で処刑された元相馬藩士や薩摩藩士らとともに靖国神社に合祀されたが、その半生は謎に包まれている。

さて、話を元治元年四月時点に戻そう。

すでに挙兵の檄文を各方面に発した以上、幕府が追討軍を向けてくることも予想されたため、天狗党首脳は本陣を筑波山から日光山に移すことを決定した。東照宮に攘夷祈願を行うと称して、同年四月三日、筑波山を出発、水戸藩前藩主の徳川斉昭の位牌を入れた御輿を担いで宇都宮を経て日光に向かった。

途中、尊攘派の多い宇都宮藩内に立ち寄り、同藩へ使者を立てて攘夷の共同歩調を呼びかけたが、「藩主不在のため即答は難しい」との返答から、日光行きを優先した。これに驚いた宇都宮藩などからの通報で、日光奉行は隣接諸藩にも呼びかけて厳重な警備体制を敷いた。

日光は徳川家康を祀った徳川家の聖地であり、天狗党はここを拠点に攘夷の軍事行動に踏み切る計画だったが、日光奉行に入場を拒否されたため、東照宮へ幹部が参拝することにとどめ、下野の大平山に滞在することになった。

天狗党首脳は引き続き宇都宮藩など隣接諸藩の説得を続ける一方、下野、上野方面の富豪や豪農から軍用金や武器を調達する活動を行うが、軍用金の徴発を担ったのは田中愿蔵隊だった。田中隊は、手勢を猿田忠夫・藤田芳之助隊と、鈴木（刈谷）三郎・西十次郎隊の二隊に分け、上州方面での軍用金の徴発に当たらせた。

猿田・藤田組は藤岡町に入り、渡良瀬村、黒熊村、栗崎村などで計金千八百両、さらに下仁田町で計千七百四十両を徴発した。一方、鈴木・西の一隊は渋川町周辺で計金四千九百五十両を集めるなど徴発は順調であったため、愿蔵は一足先に栃木に戻った。

しかし、上州・下仁田での調達を終えた猿田忠夫隊はその後も徴発を続け、同月二十八日、猿田忠夫ら八名が高崎藩兵に捕らえられた。両隊による徴発金の合計は、一万三千四百七十両に上ったが、これと引き換えに愿蔵が片腕と頼むおいの猿田忠夫を失った痛手は大きかった。

さらに、愿蔵が本陣に戻ると、軍議が開かれ、約一カ月半にわたって滞在していた大平山を下って筑波山に戻る方針が決定された。

その後、筑波山に引き上げる本隊と分かれ、田中隊は独自の行動を取り始める。六月三日、結城《ゆうき》藩の城下に立ち寄った際、岩谷敬一郎の一隊と遭遇すると、岩谷を誘ってかねて練り上げた作戦計画を打ち明けた。

天狗党の乱の顚末を記した『波山始末《はざんしまつ》』や岩谷の回顧談などによると、愿蔵が岩谷に語った作戦計画とはおおむね次のようなものであった。

筑波山に引き揚げたところで何の意味があろう。義を唱えて兵を挙げた以上、目的を貫かねばなるまい。今より君の兵と自分の兵を合わせれば五百人はある。迂回して八王子に出て、甲府城を襲えば、脆弱な幕臣は身を守るだけが精いっぱいで、防ぐこともできず、放銃をもってして甲府城を奪取できる。さらに、兵を率いて富士川を下り、駿河北に出て、直ちに駿府城を襲えば、簡単に駿府城も手に入ることができよう。甲府、駿府の両城を拠点に、信濃を経略した後、朝廷にお願いして勅書を以て幕府の罪を問い、君側の奸を除き、号令を四方に発せれば、数週間で大成ならん。

これに対し、岩谷は「われわれは挙兵するに当たって、尊王の大義をもって幕府を輔け、勅旨を奉じて攘夷の先鋒になることのみが目的である。君の言っていることは、争乱に乗じて国を奪う大義なき考えである」と反対し、会談は物別れに終わった。

この作戦計画は甲斐（山梨県）、駿河（静岡県）、信濃（長野県）の三国に及んでいる。いわば、江戸と京都、中山道と東海道を分断することにあり、明らかに対幕府戦争を意識した気宇壮大な戦略であった。

京都の池田屋には長州藩などの尊攘派が集結しつつあった時期であり、愿蔵が別れ際に憮然として言い放ったと伝えられるように「機会再び来らず」の好機を逸したのであった。

いずれにせよ、当時の岩谷のバックには総帥の田丸稲之衛門や藤田小四郎が控えており、愿蔵の考えは天狗党首脳部に通じるものではなかった。愿蔵が次に目を向けたのは栃木町であった。

「愿蔵火事」とは

ところで、愿蔵の悪名を天下に轟かせることとなった「愿蔵火事」とは、どのような事件だったのか。

ひと言で言うと、愿蔵が栃木陣屋に軍用金や武器の提供を要求し、それがかなわず陣屋や商家に放火する事件であるが、以下、関連史料を基に、検証していくとしよう。

参考とする史料は、(A)『水戸藩史料』、(B)『波山始末』、(C)『波山記事』、(イ)「稲葉重左衛門日記」(稲葉誠太郎氏所蔵『水戸天狗党栃木町焼打事件』所収)、(ロ)「波多野日記」(前掲書所収)、(ハ)「下野栃木太平山三光院慈雲大師事蹟」の六点。ちなみに(A)~(C)は水戸側に伝わる史料で、(イ)~(ハ)は地元の栃木側史料(文献含む)である。

分析のポイントは、①愿蔵が引き連れてきた軍勢の数、②田中隊が栃木陣屋側に要求した軍用金の額、③焼失した軒数と罹災者の数、④火災騒動中に殺害された双方の死者数、⑤軍用金提供交渉の当事者及び交渉経過、⑥田中隊の放火の動機とその端緒、⑦陣屋側への足利藩及び近隣諸藩の加勢体制の七点をベースとした。

田中愿蔵隊が栃木町にあらわれたのは元治元年(一八六四)の六月五日午後のことである。この日は奇しくも新選組が、京都三条の旅籠池田屋に切り込んだ池田屋事件の日と同じであった。

愿蔵ら本隊はただちに旅宿押田源兵衛方を本陣とし、隣接の芝田屋、川辺屋などに分宿した。栃木陣屋とは二町(約二百二十メートル)の距離にすぎない。

栃木陣屋は足利藩(一万石)領の飛地であった。陣屋は郡奉行の高橋半十郎が管轄していたが、足利に出張していて留守だったので、使番の根岸多十郎が郡奉行代理をつとめ、代官石塚啓作以下家中の者や郷士合わせて約五十人が詰めていた。

まず、愿蔵が引き連れてきた軍勢の数について、(A)は「甲冑著之者五拾人」と、甲冑姿の者だけで五十人としているが、(B)(C)には人数の記載はない。一方、栃木側史料では、「八十人」(イ)、「凡百五十人」(ハ)とある。大分差があるが、これは翌六日に栃木町近郊の山田村に軍用金調達に出向いている二十四人の別動隊もおり、田中隊は分散していたことによる。したがって、総勢は百五十人ぐらいだったとみていいだろう。

次に田中隊が陣屋側に要求した金額は、「三万両」(A)、「一万五千両」(B・C)と水戸側史料は大差ないが、栃木側史料では、「三万両」(『栃木市史』)から「一万五千両」(イ、ロ)、「六千両」(ハ)とまちまちである。愿蔵が軍用金を要求したのは陣屋側だけでなく、栃木町の富豪らを指名して個別に要求しており、時期やとらえ方によって金額が違うのはやむを得ない。ただ、田中隊が陣屋側に要求した金額は「一万五千両」から「三万両」だったとみていい。

焼失戸数と罹災者数については、水戸側史料では「過半焼失」(B)、「荒増焼失」(C)と抽象的である。これに対し、(イ)の著者である稲葉誠太郎氏は「焼失した惣軒数は約三百五十とも四百ともいわれ、罹災者は約七百人」と具体的に推定しており、ほぼこの数字に近いものだったのであろう。

火災騒動中に田中隊により殺害された者は、「都合六人」(C)、前日の死者二人と合わせて「六名」(ロ)とほぼ一致するが、稲葉誠太郎氏は前日の二人及び六日夜焼打ちを含め「約十三名」とし、負傷者は陣屋勢の自己過失による火傷《やけど》者までを合わせ「十数名」としている。一方、田中隊の死者を示す史料は皆無であり、これは陣屋側が田中隊に追い打ちをかけなかったためとみられる。

軍用金についての交渉当事者については、（ハ）は陣屋で田中愿蔵と熊倉嘉三が直談判したとあるが、具体性に乏しい。（イ）、（ロ）では田中側は村田脩敬が使者をつとめ、陣屋側の代表者は熊倉も同席の上、代官の石塚啓作（イ）としており、双方の交渉窓口はこの二人が中心で、愿蔵と根岸多十郎が指揮をとっていたとみていい。

陣屋側の加勢については、（ハ）は吹上《ふきあげ》藩の援兵が間に合わなかったとあるが、（ロ）には急報をうけた吹上の有馬《ありま》藩兵五、六十人が六日朝に駆けつけたとある。（A）も、到着時期や人数は不明ながら「近領有馬様吹上より加勢人数も参り候」としており、加勢については（ロ）説が正しい。したがって、陣屋側は吹上藩兵五、六十人を合わせると、百名前後になる。田中勢の百五十人に及ばないものの、陣屋側もそれ相応の臨戦態勢を敷いていたことになる。

事件の動機と端緒

それでは、最大のポイントである田中隊が放火に及ぶ動機や端緒はどのようなものであったのであろうか。次に、放火に至る直前の状況についてみてみよう。

（B）は「金子《きんす》一万五千両を調運あり度若《も》し整い兼ぬれば武器を差出《さしだし》申すべく旨談判し其《その》挙動傲慢

なるを怒り日暮に及び拒絶したれば田中大に怒り士卒に指揮し油樽を割り中町下町古久町両側数十箇所に篝火《かがりび》仕掛け」、「軍装にて銃槍を携《たずさ》い貝鼓を鳴らして小川町陣屋の表裏より攻寄せたれば陣屋方より鉄砲を打出たれば田中勢は引退き前の篝火を屋上に投上け或は松明《たいまつ》を以《もっ》て商家へ乱入し数十箇所へ放火したり」と記述している。

つまり、田中隊の要求は、金子一万五千両の即納であり、それが無理ならば武器の拠出であった。これに対し、陣屋側は田中隊の傲慢な申し出に怒り、夕刻になって拒絶した。このため、愿蔵が激怒して士卒を指示して油樽を壊し、数十箇所に篝火を仕掛けた。さらに、軍装を整えて陣貝・陣太鼓を鳴らしながら、陣屋の表裏門側へ押し寄せたところ、陣屋方から発砲されたため、退却する前に篝火を屋上に投げ上げ、松明を持って商家に乱入して放火した。

他の史料も、交渉経過の細かな描写は別としても、放火に至る流れはおおむね大同小異である。

ここで注意すべきは、回答期限の六日夕刻の交渉決裂後、双方ともに臨戦態勢を整え終えていた点である。田中隊側は、油樽を買い集め、これをこわして松明をつくり、薪を陣屋周辺の沿道に高く積み上げるなど、焼き打ちの準備をした上、陣屋側に押し寄せている。陣屋側も五日に足利藩庁や隣接諸藩へ応援を頼み、駆けつけた吹上藩と協力して大筒や鉄砲を配備して防御の態勢を敷いていた。

まさに一触即発の状態であり、どちらから先に斬りかかったか、発砲したかは、この際さほど問題にはならない。すでに戦闘を回避できない状態に立ち至っていたのであり、田中隊が無防備な陣屋側に一方的に放火したということではない。

ただ、田中隊の戦死や捕縛を示す史料が皆無なことから、傍観者的な吹上藩兵との間で本格的な戦争状態には至らず、田中隊が退却体制の中で放火したとみていいのではないだろうか。

（B）では「其際に乗じ士卒は争ふて財物を略奪《りやくだつ》」とあるが、この史料以外では水戸、栃木側史料含めて略奪の記述は一切ない。

さらに見逃してならない点は、「栃木町役人が直接交渉をしてはならぬ」と陣屋側から命じられ、金を出し渋って焼き払われた栃木町の商家側と明暗を分けた、山田村の対応であった。

愿蔵は六日朝、東直三郎ら別動隊を山田村名主白石庄蔵方に派遣し、庄蔵ら七名を呼び寄せ、一同で計二千両を上納するよう要求した。庄蔵ら七名は、とてもそのような大金は出せない、と言葉巧みに言い逃れ、結局五百両に値切ることに成功し、即金で三百両、残金二百両は明日借金してきて上納するということで示談が成立した。六日夜に栃木町は焼き払われたため、結果的に山田村は金三百両で焼失を免れた。

ここでポイントとなるのは、愿蔵らの要求に対し、「栃木町役人が勝手に交渉をしてはならぬ」と命じた陣屋側の対応である。この結果、金額を値切って、ある程度のところで妥協しようとしていた商家側の対応の道は閉ざされた。

怒りが収まらないのは焼け出された町人たちだった。「田中愿蔵のくびを討ち取りたい。われらもお供するから、繰り出してくれ」と刀を持って、栃木陣屋に出兵を要求、さらに「もし出兵しないなら、われらだけで田中愿蔵のあとを追うから、武器をお貸しいただきたい」(ロ)と申し入れているが、陣屋側は承諾せず、援兵の吹上藩兵に至っては「追いかけてみたところ、残念ながら田中隊に逃げ去られた」と弁解するという体たらくの状態だった。

「愿蔵火事」の悪評

以上の諸史料の分析結果から、「稲葉重左衛門日記」「波多野日記」は焼打事件の一部始終を目撃した栃木町在住の商人たちの日記だけに、記述も具体的で信用性が高い。

また、これらの史料から浮かび上がってくる疑問点は、愿蔵らの軍用金要求は陣屋側と商家への二ルートだったが、上州方面での軍用金徴発でその手法にたけていた愿蔵が要求先を富豪ら一本に絞らず、なぜ、陣屋側に要求したのか、という点である。

わずか一万石の小藩である足利藩の陣屋であり、脅せば、要求に従うとたかをくっていた可能性も否定できないが、愿蔵らの狙いの重点は武器の調達だったのではなかろうか。

一方、陣屋側も商家の町役人らに個別交渉を禁じつつ、援軍を依頼して戦備を整えていたのであるから、交渉が決裂すれば、田中隊と戦闘状態に突入するのは火を見るより明らかであった。だから、栃木町の町民の間からも陣屋側の対応の拙さを非難する声も上がったのである。

しかし、結果の重大さは尋常ではなかった。折からの風にあおられ、「野州第一の繁華の地」とされた富豪の商家が立ち並ぶ商都はほぼ灰燼《かいじん》に帰したのであった。「愿蔵火事」は瞬く間に隣接諸藩に伝わり、幕府が宇都宮《うつのみや》、川越《かわごえ》、結城《ゆうき》、下館《しもだて》、土浦《つちうら》藩など近隣十一藩に対し、天狗党の追討令を発令するのは火災騒動から三日後のことだった。

愿蔵終焉の地

栃木町の焼き打ち事件後、田中隊は筑波山に戻った天狗党本隊から帰陣を命じられ、本陣近くの神《かん》郡《ごおり》の普門寺で謹慎の形をとった。その後、筑波山の近郊に金策のために出没、さらに土浦城下に発砲し、真鍋《まなべ》宿とその周辺を焼き払ったとして、岩谷敬一郎と竹内百太郎の連名で本隊から愿蔵を除名したことが発表された。しかし、略奪に近い軍用金調達は田中隊だけではなかった。近在の富裕層の天狗党支持派のみでは、本隊の軍用金と兵糧を賄いきれなかった。さらに、天狗党の名前をかたって強盗を働く「偽天狗」も横行したが、田中隊はこれらの汚名まで背負わせられることとなった。

愿蔵は天狗党本隊から除名された後、三百の兵をひきいて常陸（茨城県）、下総、下野の間を転戦し、幕府軍や諸生党軍を至るところでおおいに悩ませた。この間、館長を務めた時雍館にも一カ月滞在、同年九月、那珂湊に滞在する松平頼徳《まつだいらよりのり》を擁する「大発勢」を支援しようと那珂湊に入ったが、合流を拒まれ、やむなく北上して日立の助川《すけがわ》城を占拠した。しかし、まもなく数万人に及ぶ幕府・奥羽諸藩の大軍に囲まれた。助川城を脱出して福島県境の八溝《やみぞ》山にのぼり、再起を図ろうとしたが、糧食も尽きて同年十月、最後まで行動を共にしていた約三百人の田中隊員に金銭を配分して隊を解散した。

ふるさとの風のたよりをきかぬ間は
我が身ひとりの暗《やみ》ぞ（八溝）かなしき

青葉にて散るともよしや
もみじ葉の赤き心は知る人ぞ知る

という歌二首は八溝山を下山する際の心境を詠じたものであろう。

そして、十月四日朝、通報を受けた陸奥国の塙《はなわ》代官所の役人に捕らえられた。

愿蔵の最期の地が塙村（現在は福島県東白川郡塙町）だったことについて、昌平黌時代の師、安井息軒が塙代官所の代官をしているとの情報を耳にしていた愿蔵が、恩師の前で堂々と挙兵の大義を開陳するつもりだったことが、捕縛に就いた後の愿蔵の供述で明らかとなった。しかし、代官に発令されていた安井息軒は着任せず、代わって就任した多田銑十郎《ただせんじゅうろう》の裁きを受け、十月十六日、久慈川《くじがわ》の河原で処刑され、首は塩漬けにされたまま水戸に送られた。

縛られて曳《ひ》かれる馬上で朗々と吟じた歌は次のように記録されている。

みちのくの山路に骨は朽ちぬとも
猶も護らん九重《ここのえ》の里

九重の里とは、皇居のことであろう。吉田松陰の有名な辞世の歌「身はたとひ武蔵野の野辺に朽ちぬとも　留置《とどめおか》まし大和魂」にも勝るとも劣らぬ見事な短歌だった。

愿蔵の遺骸は同じく同地で処刑された田中隊員の西山常蔵、高橋孝之助の二人とともに塙村の安楽寺《あんらくじ》に葬られた。

同寺は室町時代末期、常陸国常陸太田を本拠とする戦国大名、佐竹義重《さたけよししげ》が近隣諸国の大名との合戦で現場に放置されたままとなっていた遺体を埋葬するために創建したと伝えられている。初代の住職・玉泉《ぎょくせん》上人は佐竹氏の菩提寺である常福寺《じょうふくじ》から迎えられた。関ケ原の合戦後、佐竹氏は秋田に転封となり、塙地方は棚倉《たなくら》藩の支配地となるが、寺の所領は佐竹氏のお墨付きが与えられた朱印地として継承された。その後、享保十四年

田中愿蔵刑場跡

（一七二九）から幕府の直轄地である天領となり、塙代官所が置かれるようになった。

安楽寺の和田俊道《わだとしみち》住職によると、愿蔵らの処刑があった当時の住職は第十七代の察道《さつどう》上人で、代官の多田銑十郎の了解を取り、闇夜ひそかに境内に遺体を運び、本堂の右手にある墓地の一角に埋葬したという。

中央に田中愿蔵と刻まれた小さな自然石の石碑の両側には一緒に葬られた西山と高橋の石碑も配され、周囲を石垣で囲んでいる。愿蔵の命日や春・秋の彼岸、お盆だけでなく、誰が手向けるのか、墓前には添えられた線香が絶えないという。

「精威《せいい》勇猛信士《ゆうもうしんし》」。田中愿蔵の戒名である。討幕を掲げ、威風堂々、勇猛果敢に国難に立ち向かった愿蔵の生前の生き様を彷彿させるようである。

また、愿蔵が処刑された河原には、慶応元年（一八六五）、処刑を担当した役人の手で慰霊碑が建てられた。昭和四年（一九二九）には住民らの手で「田中愿蔵刑場跡」と記された慰霊碑も建てられ、慰霊碑の裏側には、刑場で愿蔵が口に筆をくわえて書いたという辞世の歌が刻まれている。

　霜に染む樹々の梢の錦より
　　いとめずらしき谷の松が枝

慰霊碑は現在、福島県東白川郡塙町にある道の駅「はなわ天領の郷」の敷地内の一角に移され、往事の面影はない。

愿蔵復権の動き

愿蔵の復権に尽力したのは、福島県塙町の元町長で郷土史家の金沢春友（故人）だった。

明治十七年（一八八四）生まれの金沢は、塙代官所に勤めていた祖父から話を聞き、愿蔵の生涯に強い関心を持った。愿蔵が悪事を働いたとされる地域に出掛け、一軒一軒訪ねて古老の証言を集め、愿蔵の事蹟の追跡とその復権に生涯をささげるのであった。

愿蔵に関する金沢の著作の代表作は『水戸天狗党遺聞』である。昭和十八年（一九四三）の空襲で焼失、昭和三十年六月に東京富貴房から第二版として出版されたが、その序文に作家の大仏次郎《おさらぎじろう》が一文を寄せている。

「この本は、金沢春友さんの人に隠れたる二十箇年の努力の結晶である。福島県の山の奥にある塙村（現在町となっている）から金沢さんが私の鎌倉の家を訪ねて来られたのは、もう十数年前になる。（中略）この本は苦労して脚で書いたものと云ってもよい。書斎の歴史家には出来ないことを、熱心な金沢さんはやりとげたわけである。常磐の土地の山深く散らばって隠れて了《しま》った水戸の尊皇の志士たちの危《あや》うく死滅せんとする消息を、丹念な努力で採集したものである」と、埋もれた志士の足跡に光を当てた金沢の努力を称賛している。

そんな金沢の影響もあってか、大仏次郎は昭和六年一月から雑誌『富士』に「愿蔵火事」の連載を開始する。しかし、翌年の七月五日の十五回目の掲載をもって突然、中止となった。ちょうど、筑波山に挙兵した天狗党の一行が筑波を離れて日光に向かうころの話、小説としてはやっと端緒を終え、これから本題に入る段階であった。

『富士』に連載した「愿蔵火事」は昭和十一年四月、タイトルを「天狗騒動」と変え、改造社から

「維新歴史小説全集第四巻」として刊行されるが、連載はなぜ、中止となったのか。

「愿蔵火事について」と題する最終回翌月の寄稿文の中で、大仏次郎はまず、執筆の動機について次のように述べている。少し長いが、原文を引用する。

天狗党の内部では維新の革命を遂げようとするのに、幕府を倒さねばならないと信じている田中愿蔵と、御三家の家臣として幕府と衝突しないで、この目的を貫こうとあせっている妥協的な空想派の藤田小四郎の一派と、対立しています。無論愿蔵の意見の方が現実的だし理論としても徹底しているのですが、妥協的な藤田の方が党内で勢力があり、両派の反目は、天狗党が筑波を出て根拠地を失って周囲の状況が悪くなるほど、先鋭化する。ついに愿蔵は藤田らの幹部に追われて党から離れ、独力で計画を進めようとする。もとの同志たちがあらゆる汚名を愿蔵に着せます。（中略）志士としては遙《はる》かに藤田等より徹底した人物であり、維新の革命の初期の犠牲者でありながら、現在までも御用史家から、ただの乱暴者とみられている不遇な運命を、読者諸君に訴えたいと云うのがこの小説の目的でした。

執筆の動機は明確である。「御用史家」から「ただの乱暴者」とみられている愿蔵の不遇な運命に光を当て、正統な評価を得たい、という訴えである。

突然の連載の中止について、横やりが入ったのであろうか。大仏次郎は「愿蔵火事を途中でやめるのは、作者の現在の力に余る仕事だと信じて、新しく準備を整えるためで、ほかの小説よりも大事を取っているからです。作者の我儘《わがまま》を御寛容願いたいと思います」と述べるにとどめている。

「愿蔵火事」は、市川右太衛門が田中愿蔵役となり、京都の松竹特作として映画化された。昭和七年（一九三二）五月二十日封切り、その年の七月十三日には、塙町の劇場で活動写真として昼夜二回上映された。当時は無声であり、弁士付きの説明であったが、田中隊の写真とあって、大入り満員の盛況であった、と金沢は回想している。

閉ざされた復権

ところで、愿蔵が復権する機会は、少なくとも三度あった。

明治憲法が発布され、水戸天狗党を中心とする水戸藩出身の殉難者千四百六十名が靖国神社に合祀される明治二十二年（一八八九）、敦賀で刑死した天狗党の殉難者を中心に幹部以外も贈位を受ける明治四十年、そして昭和天皇の即位の礼に合わせて全国で百六十六名が贈位を受けた昭和三年（一九二八）である。

愿蔵の履歴は、愿蔵の養子先の田中家の関係者とみられる田中武が明治七年（一八七四）八月、茨城県庁を通じて「田中愿蔵事蹟」（「勤王殉国事蹟」第三七冊）を太政官に提出しており、茨城県の合祀担当者も愿蔵の簡単な履歴は把握していたとみられる。旧水戸藩出身者の合祀は明治二十二年以外にも、茨城県出身者九十名が追加合祀された明治二十四年、同二十六年、昭和四年（一九二九）の計三回行われている。しかし、愿蔵に関しては、茨城県側から合祀申請された形跡は見られない。次は、主として敦賀で刑死された天狗党の殉難者らに対し二度にわたって贈位が行われた明治四十年であるが、すでに武田耕雲斎（贈正四位）や山国兵部（同）、田丸稲之衛門（贈従四位）、藤田小四郎（同）ら幹部は明治二十四年に追贈されていたので、愿蔵にもチャンスはあった。

この時の天狗党殉難者の贈位嘆願運動で中心的な役割を果たしたのは前節で詳述した通り、武田耕雲斎の五男の武田猛《たけき》と皇后宮大夫の要職にあった香川敬三だった。

武田猛から香川敬三宛の武田猛書簡（明治三十九年九月二十三日付）によると、香川は猛に「飯田軍蔵と田中愿蔵が贈位申請に入っていないが、どんな人物なのか」と問い合わせている。

これに対し、猛は田中愿蔵について「筑波山の挙兵に参加した者であるがとかく乱暴の行為が多く、途中で分派行動をとったもので、物議のある人物のみならず、その主義とするところも明確ではなく、死に場所もよく分かりませんので省いた」と切り捨てている。

ただ、多少の良心はあったのか、「当時の顚末を詳しく知っている者は一人もいないので、全く私個人の記憶にあることを腹蔵なく申し上げた」とも述べている。

武田猛が父耕雲斎と共に天狗党の乱を起こした藤田小四郎らの軍勢に合流し、西上する際の年齢は十四、十五歳であった。猛の記憶に頼って贈位対象者の人選が進められたことは、愿蔵にとって、不幸な巡り合わせとしかいいようがない。

そして、最後のチャンスである。昭和天皇の即位の大礼の当日である昭和三年十一月十日、位階の追贈を受ける百六十六名が発表された。

その四日前の六日付の『東京朝日新聞』福島県版に贈位に内定した福島県人として、田中愿蔵、安《あ》部井磐根《べいいわね》、阿部正外《あべまさと》、結城定弘、安藤信正、松平定信の六名の名前が掲載されていた。しかし、十日に発表された贈位名簿に愿蔵ら六名の名前はなかった。

内定が取り消されたのか、『東京朝日新聞』の誤報なのか。真相は定かではないが、愿蔵の復権に情熱を注いできた金沢の落胆ぶりは想像に余りある。

愿蔵の贈位請願を進めたのは、愿蔵の出身地の茨城県ではなく、処刑地の福島県塙町出身の金沢だった。昭和三年四月三十日付で田中愿蔵に関する贈位請願書を提出、さらに同年九月十九日付で追願書も提出するなど、愿蔵の雪冤《せつえん》に心血を注いでいたのであった。

贈位発表から約一年後、詩人の横瀬夜雨《よこせやう》は「父老に問う」と題する一文を地元新聞（『常総新聞』昭和四年十月二十一日付）に寄稿し、「田中愿蔵はいつになったら贈位されるか。言い換えれば、水戸のお歴々は、何時になったら田中愿蔵の贈位を遮らぬようになるのか。（中略）敢《あ》えて諸老に問う」と問いかけている。

横瀬夜雨が指摘するように、水戸の政界関係者らが愿蔵の贈位を妨害する動きがあったのかは定かでない。しかし、出身地の茨城県側から積極的に愿蔵の贈位を嘆願する動きがなかったことは事実であろう。この結果、愿蔵の復権の道は閉ざされたのであった。

4 重複合祀と変名問題

祭神名の「重複合祀」の闇

靖国神社の祭神の認定作業における最大の難題は、幕末の志士たちが多用していた「変名」や「偽名」への対処であった。維新以来、五十年に及ぶ幕末殉難者の合祀作業は、直接の申請窓口であった府県の担当者にとって、まさに変名や偽名との格闘の歴史だったともいえよう。

十五頁に掲載の表1をあらためて参照されたい。『靖国神社百年史』によると、年次ごとにとりまとめた「維新前後殉難者」の祭神総数は「七千三百九十九柱」であるが、官報などに告示された祭神総数は「七千四百四柱」であった。

この差は、明治二十四年（一八九一）十一月に合祀（第二十回合祀）された祭神について、官報の合計では「千二百七十七柱」であったのに対し、『靖国神社百年史』では「千二百七十二柱」と五柱少ないためである。『百年史』は、明治四十四年に発刊された『靖国神社誌』の「千二百七十二柱」の記述をそのまま引用したものとみられる。

なぜ、この差がうまれたのだろうか。

靖国神社に合祀される祭神名は、明治十六年七月に創刊された官報によって同神社の臨時合祀祭の直前に公表されることが慣例となった。

それ以前も靖国神社への合祀予定者は太政官達《たっし》などの形をとって公表されていたが、その後は陸軍省告示もしくは陸海軍省告示が一般的となる。したがって、官報でいったん公表された祭神名に何らかの誤りが判明したため、その後に削除するなどして訂正したと考えられる。

明治二十五年九月、陸軍省の主務副官が起案した「殉難合祀人名中正誤之件」と標題の付いた文書の中に「重複誤脱」した祭神の訂正が明記されていた。「重複誤脱」とは、重複（二重）合祀や誤字、脱字である。靖国神社に合祀された祭神名に関する政府の正式発表である官報で、このようなことがあるのか、と驚かれる読者もおられるのではないかと思うが、実際にあったことなので、具体的にみてみよう。

この文書は内務省からの照会で、明治二十四年十一月に合祀された千二百七十七名の人名中、重複合祀などの誤りの存在に気づいた宮内省が陸軍省に官報の訂正を申し入れたことに対する回答案であった。文書には百四十一名の「姓名並首書訂正表」が添付されていた。「首表」とは、合祀者の死没時点での肩書とか所属先（出身藩）のことである。

訂正の多くは姓名の誤字や所属先の誤りであった。たとえば、京都府の「青木頼母」は「青水頼母」、大阪府の水郡善之祐《にごりぜんのすけ》以下三名（の所属）は旧神戸藩と誤ったという具合である。

こうした訂正の中で注目されるのは、「重複合祀」を理由に削除を求めた五件の事例だった。茨城県の山田吉兵衛、荒蒔内蔵之助、福島県の高橋儀三郎、斎藤太三郎、長崎県の唐坊安壱の五名である。山田吉兵衛、荒蒔内蔵之助については「右二名既に合祀済、重複に付官報告示中削除並び靖国神社祭神記左の通り訂正」とある。また、福島県の高橋儀三郎は「高橋弥助の誤りて重複」、斎藤太三郎についても「既に合祀済に付重複」と訂正、長崎県の唐坊安壱も「此一名削除、但《ただし》唐坊造酒太郎の幼名ため重複」としている。

こうした重複合祀が生まれた経緯をもう少し具体的にみてみよう。

福島県の高橋儀三郎は、明治元年（一八六八）の会津戦争に従軍して病死し、すでに合祀されていた同県の高橋弥助と同一人物であったことから、官報に告示した高橋儀三郎の名前を削除した。斎藤太三郎は重複した人名は不明であるが、同様に明治二十四年以前に合祀された人名との重複が確認されたのであろう。また、長崎県の唐坊安壱は、対馬藩の内訌《ないこう》で元治元年（一八六四）に殉職した唐坊一族の一人で、すでに合祀済みの唐坊造酒太郎の幼名であることが判明したため、唐坊安壱の名前を削除した。茨城県の山田、荒蒔の二名は明治元年（一八六八）十月の弘道館の戦いで戦死し、すでに明治二年六月の第一回合祀祭の際に合祀されていたため、二人の名前を削除したのであった。

こうした祭神の重複合祀は本来、あってはならないことであろう。このためか、陸軍省が作成した「官報正誤案」では、「山田吉兵衛、荒蒔内蔵助ノ二名は衍《えん》」という具合に「衍」という文字が使われている。漢和辞典によると、衍は①はびこる②余計なこと。余分であることなどの意味である。重複して合祀してしまったので、抹消してくださいという意味であろう。

陸軍省の訂正告示

別人や同一人物による重複合祀の存在に気づいた陸軍省は、宮内省の指摘も受け、誤りを素直に認めて重複して合祀した人名を官報から削除し、靖国神社も陸軍省からの通知を受け、祭神名簿から削除したとみられる。その記録が明治四十四年（一九一一）発行の『靖国神社誌』の「千二百七十二柱」と考えられる。

この陸軍省の文書から、宮内省が一定のリーダーシップを発揮していたことが読み取れる。靖国神社の合祀については陸軍省の所管であるが、殉難者の合祀については遺族らとの合祀窓口である府県を所管する内務省経由での照会を受けて、宮内省が重複合祀について強い疑問を提示し、訂正を申し入れたのであった。天皇の名で合祀される以上、合祀される人名に誤りがあってはならないと、宮内省が訂正を主導したといっていい。陸軍省としても、近い将来に予想される対外戦争での戦死者の増大も予想されることから、その前に殉難者合祀問題に決着をつけようと迅速な事務処理となった。

しかし、実際には重複合祀はこの五件だけではなかった。

その例として、明治十六年五月、土佐勤王党の武市半平太《たけちはんぺいた》らとともに靖国神社に合祀された土佐藩

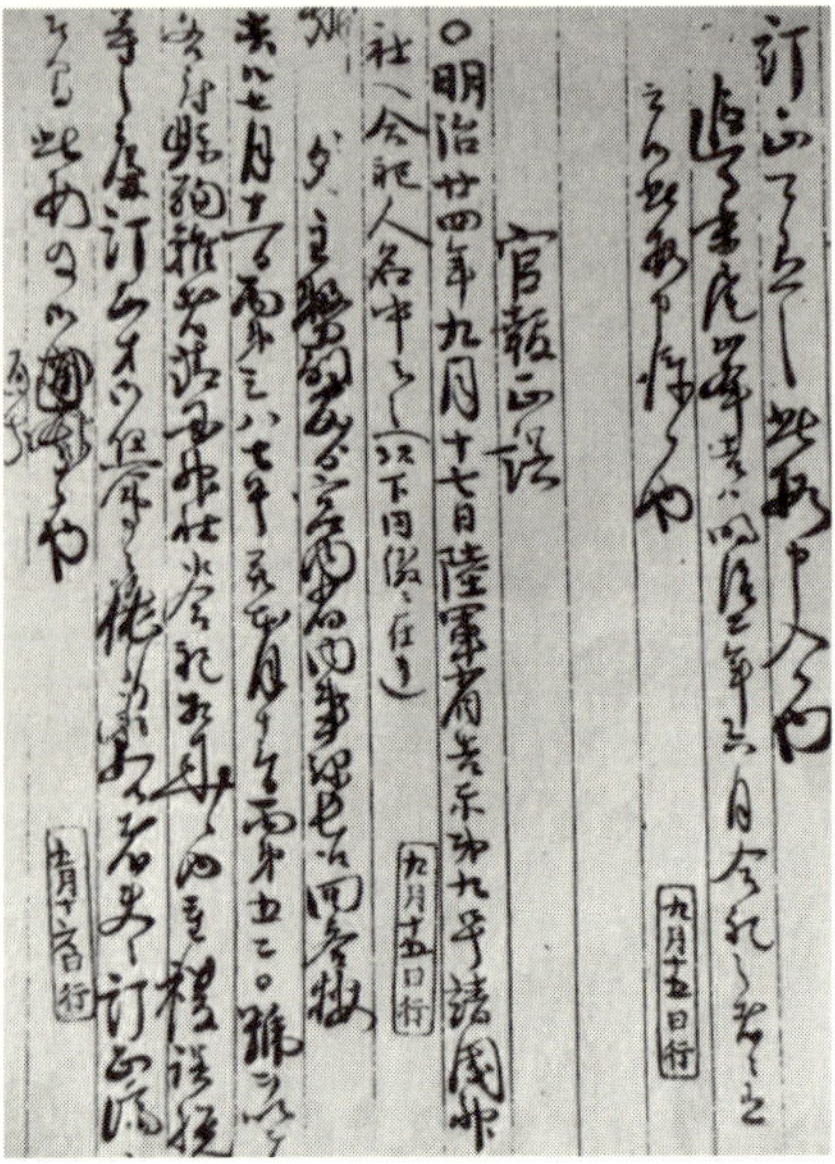

合祀者の人名等の訂正に関する陸軍省文書
（防衛研究所所蔵）

士の野老山《ところやま》吾吉郎《ごきちろう》のケースをたどってみることにしよう。

『霊山祭神の研究—殉難志士履歴』（霊山歴史館発行）によると、野老山は元治元年（一八六四）六月五日、同僚の藤崎八郎と板倉槐堂《いたくらかいどう》を訪れる途中、池田屋事件に巻き込まれ、路上で会津藩兵と戦って重傷を負い、長州藩の京都藩邸に逃げ込んだが、傷が悪化して二十七日に死亡したとされる。

野老山には「所山五六郎」という変名があったが、明治二十四年（一八九一）十一月に合祀された山口県分の合祀者の中に「所山五六郎」という名前があった。野老山の変名とは別人の可能性もあったが、前述の「姓名並首書訂正表」の中で「所山五六郎」の所属先は旧土佐藩（高知県）へ訂正されていた。

つまり、「所山五六郎」は明治二十四年、山口県からの申請により同県枠で合祀され、官報で告示された後に、所山の所属先は山口藩（長州藩）ではなく、土佐藩（高知県）であるとして、宮内省が陸軍省に訂正を申し入れた。この結果、陸軍省もいずれかの時点で、明治二十四年の官報に記載した

「所山五六郎」の祭神名を削除したとみられる。

昭和十年（一九三五）に発刊された『靖国神社忠魂史』の祭神一覧や池田屋事件の殉難者一覧には、野老山吾吉郎の名前はあるものの、「所山五六郎」の名前は見当たらないからである。ただ、明治二十五年（一八九二）時点では所属先の訂正だけで、祭神名の削除までなされなかった。ちなみに、明治四十四年刊行の『靖国神社誌』では「千二百七十二柱」と五柱の変更にとどまっていることから、「所山五六郎」の削除訂正は明治四十四年以降とみられる。

しかし、なぜ、こうした重複合祀が繰り返されたのであろうか。

これまで何度も指摘してきた通り、幕末殉難者の場合、幕府の監視の目を盗んで国事運動に奔走していたため、変名や偽名を用いていた場合が多かったことと無関係ではない。福岡藩士の平野国臣《ひらのくにおみ》には二十もの変名があったといわれる。このため、維新後に合祀対象者の調査に当たった各府県も本名の特定に悩まされたことは想像に難くない。いったん、府県から内務省に合祀申請が上がれば、変名での申請についてはほとんどチェックされることなく、陸軍省等との協議に回され、合祀が決定されていたからである。

赤報隊の相楽総三、変名合祀の波紋

実際に官報に告示された合祀者には、誤字脱字のほか、変名で合祀された者も少なくなかった。

有名な人物では、明治二十一年（一八八八）五月に変名の「麻田公輔」の名前で合祀された長州藩士の周布政之助《すふまさのすけ》の場合、明治二十四年四月二十八日の官報で「変名に付訂正の件」で本名に訂正されている。

しかし、昭和四年（一九二九）に合祀された赤報隊《せきほうたい》の相楽総三《さがらそうぞう》や渋谷総司の場合は、本名の小島四郎（相楽総三）や渋谷謹三郎（渋谷総司）ではなく、変名のままで合祀された後も、本名に訂正されることはなかった。

赤報隊関係では昭和三年十一月、隊長の相楽に正五位、副隊長格の渋谷総司に従五位が贈られるなど、計八人が贈位の恩典に浴した。

二人の贈位発表後、『中外商業新報』がこの発表についてかみついた。十一月三十日付新聞で「相楽総三とは一時の変名、本名は小島四郎将満…そのうえ赤報隊長とは最初のことであって、鳥羽伏見役後は嚮導隊《きょうどうたい》として最も活躍したのであるから、これも正しい発表ではない」と政府を追及した。従五位を贈位された渋谷総司についても「これは本名渋谷謹三郎で、変名を渋谷総司といい、渋谷総司を名乗ったことはない」（以上同日付）と政府を激しく攻撃している。

これに対し、渋谷総司の甥《おい》の渋谷貴重《きじゅう》から内閣嘱託の国府種徳宛への遺族見解（同年十二月三日付）と、新聞記事への国府の反論（同月七日付）を示す資料が国立公文書館に所蔵されていた。

その中で、渋谷貴重は「中外商業新報の記事は誠に恐懼《きょうく》の次第にして、相楽総三も渋谷総司も明治三年、下諏訪の墓表に固定されたる名にして今更本名小島四郎将満又渋谷勤三郎と申すべきにあらずと存じられ候。嚮導隊よりも赤報隊の方が両名の死因に関係すること深きが如《ごと》く存ぜられ候」と遺族としての見解を表明している。

また、国府も「相楽総三、渋谷総司は明治三年、下諏訪の墓表に刻せられたる姓名に係り当時、官の認めたるは変名に在《あり》て実名にあらず（略）隊の名称も（略）両人は赤報隊と称したり。総司遺族の作りし小伝にも変名を用い、赤報隊名を用ゆ」と遺族の立場を擁護している。

国府は内務省、宮内省に勤務し、歴史や地誌、有職《ゆうそく》故実に精通しており、新聞記事が出た当時、内閣の非常勤役人だった。新聞記事に困惑した遺族の意向を受けて政府側の立場で相楽、渋谷両名の変名、隊名問題について弁護したのであった。

国府は翌年四月、千葉県鎌ケ谷市の真言宗・宝泉院敷地に渋谷総司の贈位顕彰碑が建立された際、裏面の碑文を作成した撰者《せんじゃ》として名前が刻まれており、両名の復権に少なからず尽力したものとみられる。

さらに、地方の護国神社でも前身の招魂社時代は変名で祀られた事例も散見される。

たとえば、元治元年（一八六四）六月五日の池田屋事件で新選組に襲われ、戦死する土佐藩の北添《きたぞえ》佶磨《きつま》は、明治十六年（一八八三）五月に靖国神社に合祀されるが、京都の霊山《りょうぜん》護国《ごこく》神社にある墓碑に刻まれた名前は北添の変名である「本山七郎」と北添佶磨の連名であった。また、前述の野老山《ところやま》吾吉郎も、同神社にある墓碑に刻まれた名前は変名の「所山五六郎」であった。

霊山護国神社の前身の「霊山官祭招魂社」時代の二人の祭神名に関する記録はない。しかし、墓碑の状況から、同招魂社に祀られた当時の祭神名は本山七郎や所山五六郎だったとみられる。

京都招魂社は、明治元年五月十日の「殉難者布告」を受け、山口、高知、福岡、熊本、鳥取などの諸藩とともに東山の霊山山頂付近に建てられた招魂社の一つである。諸藩が建てた招魂社は「霊山官祭招魂社」と総称され、来《き》島《じま》又《また》兵衛《べえ》や久坂玄瑞《くさかげんずい》、寺島忠三郎、坂本龍馬、中岡慎太郎、吉村寅太郎、平野国臣《ひらのくにおみ》、宮部鼎蔵《みやべていぞう》など、幕末期に主に京都で活躍して死没した、国事殉難者ら五百四十九柱が祀られた。昭和十四年（一九三九）四月に「霊山護国神社」と改称されるが、同護国神社に祀られている幕末殉難者は、墓碑や記念碑のある祭神が三百八十六柱、墓碑のない祭神が二千七百三十柱で、計三千百十六柱にのぼる。

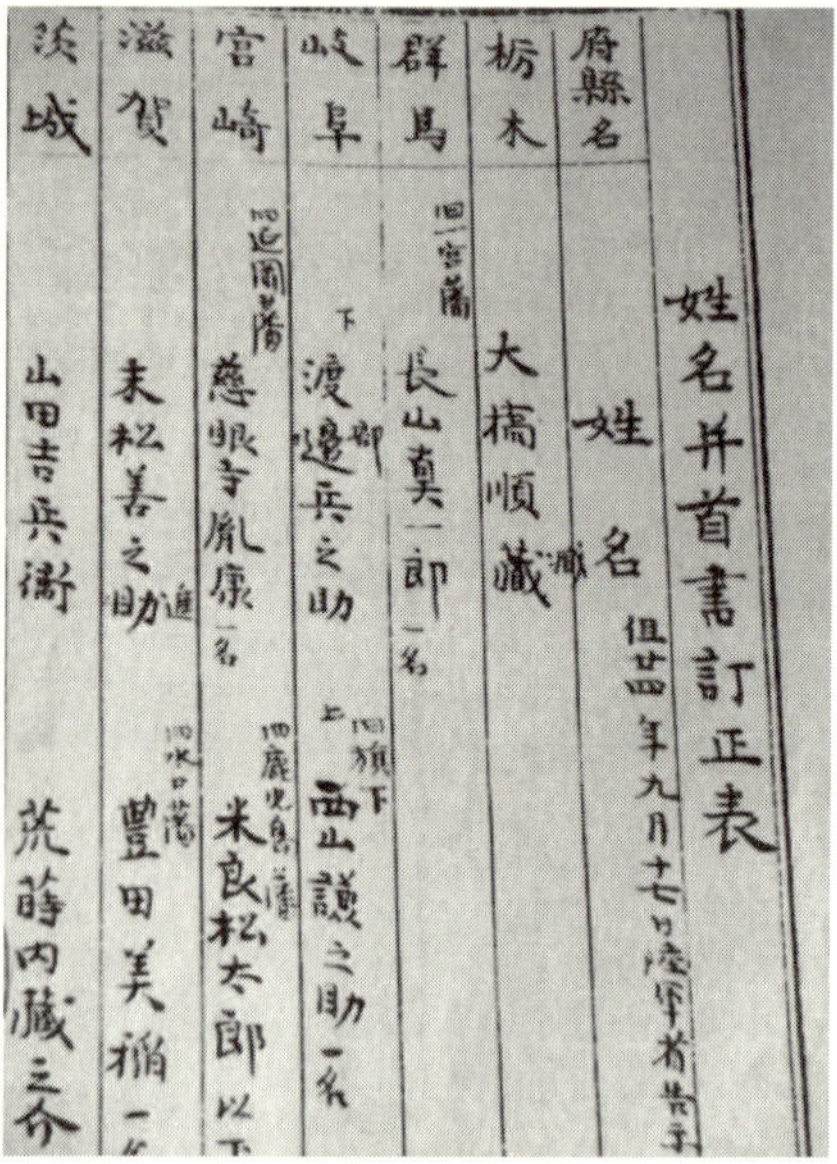
姓名并首書訂正表

府縣名	姓名	
栃木	大橋順蔵	
群馬	長山真一郎 一名	
岐阜	渡邊兵之助	西山譲之助 一名
宮崎	慈眼寺胤康 一名	米良松太郎 以下
滋賀	末松善之助	豊田美稲 一名
淡城	山田吉兵衛	荒蒔内蔵之介

姓名並首書訂正表（防衛研究所所蔵）

さて、明治時代の官報に記載された国事殉難者の人名にいかに誤字・脱字などの誤りが多かったかはこれまでみてきた通りであるが、実は訂正された人名が記載されているはずの昭和十年発行の『忠魂史』にも誤植が多い。官報に告示された人名と、『忠魂史』に記された祭神名が一致せず、祭神名が特定できない殉難者が五十名ほどにのぼることは第一章でも簡単に触れた。

たとえば、慶応三年（一八六七）十一月十五日夜、京都の近江屋で密談中に襲われた坂本龍馬、中岡慎太郎とともに刺殺された龍馬の下僕である藤吉（山田藤吉、滋賀県出身）は、明治二十四年十一月、靖国神社に合祀さているが、『忠魂史』では名前が「藤助」となっている。これは明らかな誤植である。藤吉の場合、死没の状況やその他の記録などから、人名の特定が容易であるが、『忠魂史』ではこのような誤植がほかにも多々みられることだけは付しておく。

天保生まれは全体の四割

靖国神社の祭神認定に際し、府県や内務省など関係当局を悩ましたのは合祀者の変名問題だけではなかった。年齢や職業の不詳も実に多かった。

同神社に合祀された幕末殉難者の死没時の年齢や階層別構成はどのようなものであったか。『忠魂史』にまとまった年齢の記載がある茨城県出身の合祀者の分析結果からみていくことにしよう。

表9（次頁）は茨城県出身の合祀者の年齢別構成を合祀年ごとに集計したものであるが、明治二十二年（一八八九）の合祀者千四百六十名のうち、一番多かった死没時の年齢層は二十歳代の約

表9 茨城県出身の合祀者の年齢別構成と天保年間生まれの人数

合祀年	合祀総数（柱）	10歳代	20歳代	30歳代	その他	未詳	天保生
明治22	1460	113	488	304	433	122	611
明治24	90	13	29	13	17	18	40
明治26	16	1	7	5	2	1	11
昭和 4	3			1	2		2
小　計	1569	127	524	323	454	141	664

官報の人名と『忠魂史』記載の年齢を基に作成した。

四百九十名で、合祀者の三割だった。次いで、三十歳代が約三百名、四十歳代が約二百三十名の順。十歳代から三十歳代は全体の六割にあたる約九百名で、天保生まれは全体の四割にあたる約六百十名だった。

また、明治二十四年の合祀者九十名のうち十歳代から三十歳代は約五十名で、天保生まれは全体の四割にあたる四十名だった。

たとえば、水戸藩九代藩主、徳川斉昭が失脚した天保十五年（一八四四）から天狗《てんぐ》党が筑波山に挙兵した元治元年（一八六四）までの二十年間に国事運動に参加した水戸藩領の久慈《くじ》郡（現在の茨城県常陸太田市）の村落参加者約二百名の動向を分析すると、寛政八年（一七九六）から安政三年（一八五六）生まれまで広範囲の年齢層の参加がうかがえるが、最も多かった年齢層は天保生まれの約九十名だった。

天保生まれとは、天保元年（一八三〇、十二月十日に改元）―天保十五年（一八四四）までの約十四年間に誕生した者で、王政復古の大号令が発せられた慶応三年（一八六七）十二月時点で、数え年で二十四歳から三十八歳にあたる人たちだった。

ちなみに、他藩の状況をみると、明治二十一年（一八八八）五月に六百一名が合祀された長州藩出身者で年齢不詳を除く約三百五十名のうち、十歳から三十歳代は約三百三十名と実に九割を占めた。特に、二十歳代が約二百名と半分以上で、天保生まれは約二百十名と判明分全体の六割を占めた。明治十六年に合祀された土佐藩士八十名では、天保生まれは六十八名と、八割に達した。

このように、靖国神社に合祀された幕末殉難者の年齢別構成は十歳代から三十歳代の比率が高く、結果的に天保年間に生まれた者が多かったのである。

次頁に掲げた表10で幕末期に没した志士で主な天保生まれの人物を見ると、吉田松陰（天保元年）や橋本左内（同五年）、高杉晋作（同十年）、久坂玄瑞（同十一年）、坂本龍馬（同六年）、中岡慎太郎（同九年）、吉村寅太郎（同八年）、藤田小四郎（同十三年）らの名前が確認できる。まさにきら星のごとく群像である。吉田松陰は文政十三年（一八三〇）八月四日生まれなので、厳密には天保生まれではないが、この年の十二月十日に天保に改元しているので、便宜上、天保生まれに含めた。

また、同じく天保生まれで、幕末の激動期を生き延び、明治に活躍した主な人物の一覧が表11（一四五頁）である。大久保利通（天保元年）、桂小五郎（木戸孝允、同四年）、伊藤博文（同十二年）、山県有朋（同九年）、井上馨（同六年）、黒田清隆（同十一年）、大山巌（同十三年）、江藤新平（同五年）、大隈重信（同九年）、田中光顕（同十四年）、香川敬三（同十年）と、こちらも錚錚《そうそう》たる顔ぶれである。

表10 主な幕末の志士の誕生年など

人物名（出身）	没年	死因	事件名	誕生年	贈位
安島帯刀（水）	1859	切腹	安政の大獄	1812	正四位
吉田松陰（長）	1859	刑死	同	1830 ○	正四位
橋本左内（福井）	1859	刑死	同	1834 ○	正四位
高橋多一郎（水）	1860	自決	桜田門外の変	1814	正四位
佐野竹之介（水）	1860	戦傷死	同	1840 ○	正五位
有村次左衛門（薩）	1860	戦傷死	同	1838 ○	正五位
金子孫二郎（水）	1861	刑死	同	1804	正四位
関鉄之助（水）	1862	刑死	同	1824	従四位
平山兵介（水）	1862	討死	坂下門外の変	1841 ○	従五位
有馬新七（薩）	1862	闘死	寺田屋事件	1825	従四位
清河八郎（庄）	1863	暗殺		1830 ○	正四位
吉村寅太郎（土）	1863	戦死	天誅組の変	1837 ○	正四位
宮部鼎三（熊）	1864	戦傷死	池田屋事件	1820	正四位
吉田稔麿（長）	1864	戦傷死	同	1841 ○	従四位
佐久間象山（松）	1864	暗殺		1811	正四位
久坂玄瑞（長）	1864	自刃	禁門の変	1840 ○	正四位
入江九一（長）	1864	自刃	同	1837 ○	正四位
寺島忠三郎（長）	1864	自刃	同	1843 ○	正四位
平野国臣（福岡）	1864	刑死	生野の変	1828	正四位
武田耕雲斎（水）	1865	刑死	天狗党の乱	1804	正四位
藤田小四郎（水）	1865	刑死	同	1842 ○	従四位
武市半平太（土）	1865	切腹		1829	正四位
高杉晋作（長）	1867	病死		1839 ○	正四位
坂本龍馬（土）	1867	暗殺		1835 ○	正四位
中岡慎太郎（土）	1867	暗殺		1838 ○	正四位

（1）表に掲げた人物のうち，佐久間象山は靖国非合祀

（2）出身の略称　水＝水戸，長＝長州，薩＝薩摩，庄＝庄内，土＝土佐，熊＝熊本，松＝松代

（3）誕生年の後の○印は天保生を表す。

表11　維新後に没した主な人物の誕生年など

氏名（出身）	没年	身　分	贈位	誕生年
大村益次郎（長）	1869	兵部大輔	従二位	1825
横井小楠（熊）	1869	新政府参与	正三位	1809
広沢真臣（長）	1871	参議	正三位	1833 〇
江藤新平（肥）	1874	元参議	正四位	1834 〇
木戸孝允（長）	1877	参議	従一位	1833 〇
西郷隆盛（薩）	1877	陸軍大将	正三位	1827
大久保利通（薩）	1878	内務卿	従一位	1830 〇
勝　海舟（幕）	1899	元海軍卿		1823
黒田清隆（薩）	1900	元首相		1840 〇
榎本武揚（幕）	1908	元外務大臣		1836 〇
伊藤博文（長）	1909	元首相		1841 〇
乃木希典（長）	1912	陸軍大将	正二位	1849
田中正造	1913	元衆議院議員		1841 〇
井上　馨（長）	1915	元大蔵大臣		1835 〇
香川敬三（水）	1915	皇太后宮大夫		1839 〇
大山　巌（薩）	1916	陸軍大将		1842 〇
板垣退助（土）	1919	元参議		1837 〇
山県有朋（長）	1922	元首相		1838 〇
大隈重信（肥）	1922	元首相		1838 〇
東郷平八郎（薩）	1934	海軍大将		1847
田中光顕（土）	1939	元宮内大臣		1843 〇

（1）表に掲げた人物のうち，大村益次郎は靖国合祀
（2）出身の略称　長＝長州，薩＝薩摩，土＝土佐，肥＝肥前，幕＝幕臣，水＝水戸，熊＝熊本
（3）誕生年の後の〇印は天保生を表す。

幕府側にも、山岡鉄舟（同七年）や榎本武揚（同）、大鳥圭介（同四年）らのほか、新選組の近藤勇（同五年）、土方歳三（同六年）らも、天保生まれだった。異色の存在では、足尾銅山鉱毒事件と闘った田中正造（栃木県出身、同十二年）の名前もみられる。

慰霊・顕彰の担い手も「同世代」

これまでみてきたように、靖国神社に合祀された幕末殉難者の多くは「天保生まれ世代」とも言えようが、生き残った人々がかつての同志や先輩の慰霊・顕彰を進める際、同世代というキーワードは特別な意味を持った。

たとえば、長州藩では藩主だった毛利公の名前でかつての同志や仲間の慰霊・顕彰が進められたが、個人の立場で尽力する政治家もいた。維新後、外務大臣や大蔵大臣などの要職を歴任する井上馨（一八三五―一九一五）は、元治元年（一八六四）九月、藩内の反対派に襲われ、瀕死《ひんし》の重傷を負った。その際、応急の手術で命を救ってくれたのは美濃出身の医師であった所郁太郎《ところいくたろう》だった。郁太郎は文久三年（一八六三）五月に長州藩に仕官して同藩遊撃隊参謀として活躍するが、慶応元年（一八六五）三月、山口県吉敷《よしき》の陣中で病没した。維新後、井上は郁太郎の子孫を探し出し、彼への追贈（従四位の贈位）や所家再興に尽力した。

井上馨が没して十五年後の昭和四年（一九二九）、所郁太郎は靖国神社に合祀されたが、合祀申請したのは、出身地の岐阜県ではなく、山口県であった。所が陣没時に所属していた長州藩遊撃隊だったことから、長州藩士として扱ったといえよう。このように、幕末殉難者の合祀では、死没時点での立場や所属先が優先され、出身地以外の府県が申請窓口となる事例がみられるのであった。

前述の通り、高知藩は明治十六年（一八八三）、靖国神社に合祀される幕末殉難者の合祀第一号だったが、戦死者や刑死者だけでなく、坂本龍馬や中岡慎太郎のように暗殺された者や病死者まで幅広く合祀の対象枠を広げた。これも、生き残った者が、かつての先輩や同志を慰霊、顕彰しようと結束力を示した一例であろう。

土佐勤王党の武市半平太、吉村寅太郎、坂本龍馬、中岡慎太郎ら四名が正四位の位階を追贈された一カ月後の明治二十四年（一八九一）五月八日、麴町富士見町一丁目の「富士見軒」で、四名の贈位宣下の祭典が催された。発起人は、龍馬や後藤象二郎らとともに大政奉還に尽力した同藩士の佐々木高行（天保元年生）らが務めた。

幕末殉難者の後輩たちが発起人となって主催された慰霊祭は、土佐藩に限らず旧藩単位でたびたび行われた。

こうした同世代の戦没者への思いは、太平洋戦争の生き残り組が戦死した戦友たちへ寄せる思いと共通するものがあった。

太平洋戦争の主力となったのは終戦時、十九歳から三十三歳となっていた大正生まれの若者だった。大正に生を享《う》けた男子千三百万人のうち、戦死したのはおよそ二百万人と推定される。約七分の一が戦争で命を落としたのである（門田隆将著『太平洋戦争最後の証言　第三部大和沈没編』小学館、二〇一二年）。

かつて「靖国で会おう」と言って各地の戦場で散っていった戦友の慰霊・顕彰への思いは、生き残った者の宿命に近いものがあった。戦友の遺骨収集の旅もそのひとつだったが、幕末を生き延びた人たちにも同様の思いが去来していたのであろう。

明治十年（一八七七）五月に病没した、維新の元勲・木戸孝允は、妻の松子とともに、霊山護国神社に眠っている。「かつての同志と眠りたい」という木戸の遺言による特例で木戸夫妻の墓碑が霊山に建立された。

木戸は明治二年（一八六九）九月、維新の勲功によって永世千八百石を下賜されたが、これに驚いて翌月、参内して「臣伏して自ら省みるに、癸丑《きちゆう》已来勤王に従事し、精忠を以《もつ》て身を国難に殞《いん》すもの亦少なからざるに…」と同年十月一日の日記に述べるなど、維新回天の功業を自らの手柄とせず、維新前に国事に斃《たお》れてその恩恵を分かち合えぬ先輩・同輩を思って涕泣《ていきゆう》するのであった。

禁門の変での天王山殉難者の五周忌にあたる明治元年七月十九日、木戸は同志と共に霊山で慰霊祭を催した。その日の日記に「霊山に上り、亡友之墓前に相語る、夜半に至り、去るに忍びず」と記している。

木戸は同藩出身の大村益次郎とともに靖国神社の前身である東京招魂社の創建にも尽力するが、かつての先輩や同志であった長州藩出身の殉難者約六百名が靖国神社に合祀される十一年前に蕭然《しようぜん》と死に赴いたのであった。

合祀者の階層分布

次に靖国神社に合祀された幕末殉難者の階層分布をみていくことにしよう。『靖国神社誌』には、明治二年（一八六九）六月から明治三十三年（一九〇〇）五月まで計十三回行われた合祀の戦役別に二百九十八に及ぶ職名が列記されている（「維新前後殉難者職名別」）。

特に、第一回合祀である明治二年六月の項目では、祭神の対象が戊辰戦争の戦没者などのため、官軍を構成する諸藩の軍隊によって異なる職制の呼称がこと細かく記されている。また、幕末期の殉難者を対象とする職業別でも、「平民」という大くくり以外にも「農」「農子弟」「百姓」「商」「商子弟」「甲冑師《かっちゅう》」「大工」「鍛冶」などと細かく分類されている。「神職」以外にも「神職子息」「神官」「社人」「修験」などの職名も記されている。

備考欄に「編者云《い》う、軍夫と云い、兵夫と云い、神職と云い、神官と云い、其《その》職名甚煩多なり。然れども、祭神帳のままを記して、今、容易に改めず」とあり、同一の職業とみられるものでも、祭神帳にあるので簡単には変えないということらしい。

こうした細かい職業の分類は、「士農工商」の身分制から「四民平等」の大変革期を迎える幕末維新の時代状況を反映して興味深いが、『靖国神社誌』の最大の難点は職名が判明しない「未詳」がすこぶる多い点である。同神社誌が編さん・刊行された明治四十年代になっても、依然として多くの祭神の職業が不明だった。

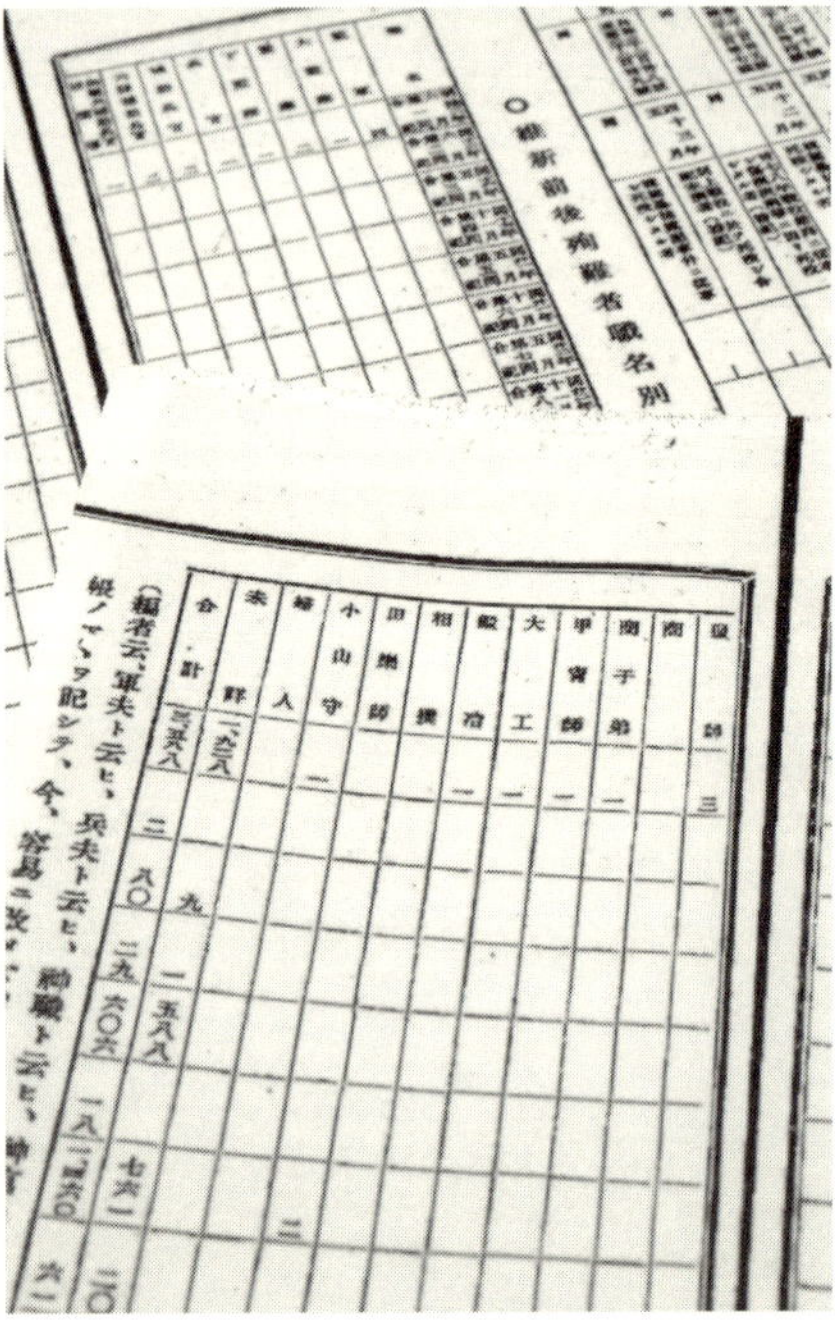

『靖国神社誌』

たとえば、明治二十一年（一八八八）五月に合祀された山口（旧長州）、高知（旧土佐）の両藩出身の祭神六百六名のうち職業「未詳」は五百八十八名と実に九七％にのぼった。同年五月に合祀された水戸藩と親類の宍戸《ししど》、松川（守山）両藩を加えた千四百六十名のうち職業「未詳」は七百六十一名と五割超だった。

なぜ、こうも職業「未詳」の祭神が多いのであろうか。

一つには、幕末殉難者の場合、「変名」や「偽名」などで活動していた人が多かったことに加え、遺族が途絶えて身元確認が難航した事情もあったのであろう。

明治二十四年十一月十七日付の茨城県報によると、二年前に靖国神社に合祀された千四百六十名の水戸藩出身者のうち二百三十一名の氏名を挙げ「遺族もしくは親戚等の所在不分明に付き心当たりの者は郡市役所または町村役場へ申し出るべし」と当時の石井省一郎知事名で呼びかけている。殉難者の遺族などの追跡調査も難航していたのであった。

合祀者の五割が平民出身

そこで、『靖国神社誌』の編集時点から二十四年後の昭和十年（一九三五）に発行された『忠魂史』を基に、改めて合祀された茨城県出身者の階層分布を集計したのが表12（次頁）である。『忠魂史』の階層区分は、「平民」「士族」「郷士」「卒族」「神官」「医師」「僧侶」「修験」などとシンプルとなっている。江戸時代の「士農工商」の士族を除いた「農工商」の階層を「平民」に含めている点は『靖国神社誌』の編集方針とほぼ同様であるが、注目されるのは、『靖国神社誌』の刊行当時に七百名以上もあった職業「未詳」が、昭和十年時点には限りなくゼロに近くなり、「未詳」がほぼ解消された点である。

明治二十二年段階で一番多かった階層は「平民」の約七百三十名で、全体の五割を占めた。江戸時代ではどの階層だったかといえば、その多くは農民であった。二番目に多かったのは、「士族」「郷士」「卒族」（足軽）を合わせた武士階級が六百三十名と全体の四割を占めた。次いで、「神官（神職）」の五十三名（約四％）、医師の二十二名（一・五％）などの順となっている。

とりわけ、祭神の階層分布で「平民」が「士族」を上回ったことが明確になったことは注目される。実際、元治元年（一八六四）の天狗党の乱では、藤田小四郎や田中愿蔵ら同藩の下級武士を中心とす

表 12　茨城県出身の合祀者の階層別構成

合祀年	合祀総数（柱）	平民	士族	神官	医師	その他	不詳
明治22	1460	733	630	53	22	22	
明治24	90		28	3		3	56
明治26	16	8	4	4			
昭和 4	3		3				
小　計	1569	741	665	60	22	25	56

『忠魂史』記載の年齢を基に作成。明治 24 年に合祀された 92 名中，武田耕雲斎の妻子ら女性 16 名を含む 20 名は士族に含めた。

る「士族」が中心となったのは前述の通りであるが、参加者は士族に限らず、農民や神職、医師など実に幅広い階層に及んでいた。たとえば、水戸藩領の久慈《くじ》郡の階級別の参戦者をみると、士族約五十名、神職関係者三十五名、農民関係百二十名というデータもあり、武士だけが家を飛び出して戦っていたわけではなかった。しかも、久慈郡では徳川斉昭が失脚した天保十五年（一八四四）以来、元治元年の天狗党挙兵までの約二十年間、親子二代にわたって参戦する事例も珍しくなかった。水戸藩では、藩主の失脚・幽閉は「国難」と受け止められ、参戦者は決死の覚悟で家を飛び出していったのである。

水戸藩のような徳川御三家意識に基づく武士階級の強い風土ですら、「平民」出身者の参加が半数を占めた意味は大きい。

もちろん、天狗、諸生両派の激しい争乱の過程で、天狗党の命令で軍役や人夫として動員された農民も相当数いたに違いない。しかし、水戸領内には、文化年間から安政年間にかけて十五校に及ぶ郷校があった。そこは、藩士の子弟が学ぶ藩校・弘道館と違って、農民や神職、郷医などの子弟が学ぶ庶民の学校だった。そこで尊王攘夷思想をたたき込まれた天狗派の農民の自主的な参加も少なくなかった。さらに、水戸藩では郷士といっても、献金郷士にみられるように平民に郷士身分を与えた比率が他藩に比べて圧倒的に多かったので、実質的な意味では平民の割合はもっと高かったといえよう。

農民を主体にした奇兵隊などの諸隊を編成した長州藩ではどうか。

歴史家の一坂太郎氏によれば、明治二年から翌年三月にかけて起こった長州藩諸隊の脱退騒動で、脱退兵千八百名のうち、千三百名は農民・商人などの出身だった（『幕末・英傑たちのヒーロー』）という。幕末当時、幕長戦争に参加して戦没した長州藩の農民参加の比率は、水戸藩に比べ、はるかに高かったのではないかと推測する次第である。

Ⅲ　対外戦争時代の特別合祀

1　維新の勝者と敗者の融和

「特別を以て…」

維新前後殉難者を対象とする合祀は、四十三府県が千二百七十二名を合祀した明治二十四年（一八九一）以降も順次、行われていたが、これら殉難者の合祀が大きな転機を迎えるのは第一次世界大戦前夜の大正年間に入ってからであった。

明治天皇が明治四十五年（一九一二）七月、六十一歳で崩御、大正天皇が即位するが、大正四年（一九一五）以来、官報告示で「特別を以て…」という文言で始まる特別合祀が七回連続して行われるのである。

特別合祀とは、天皇の「深き思召《おぼしめし》」により特別に合祀するという意味である。

靖国神社でこの特別合祀と同様の趣旨で合祀されたとみられるのは、明治三十一年（一八九八）十一月の第二十五回合祀祭で、明治二十七年〜二十八年の日清戦争でコレラなどの伝染病に感染して死没した軍人らを「特旨を以て、戦死者同様合祀」したのが最初である。

しかし、これは戊辰戦争を起点に始まる内乱や海外戦争の戦没者を対象にした、いわゆる「戦死者

表13　年次ごとの特別合祀の状況

合祀祭	合祀年	維新前	戊辰戦争	その他	特　記　事　項
第39回	大正 4	62			禁門の変の朝廷・幕府側戦死者ら
第41回	9	2	2	13	堺事件の高知藩士や大村益次郎ら
第43回	14	74	10		幕長戦争の山口藩士や福山藩士ら
第44回	15	6			金沢藩士ら
第45回	昭和 4	12		3	赤報隊の相楽総三や伊東武明ら
第47回	8	12		1	幕長戦争時の浜田藩士
第49回	10			1	二本松藩士の三浦権太夫
小　計		168	12	18	

布告」に関する例外的取り扱いであり、幕末殉難者に関する特別合祀は、明治天皇の在位中は行われなかった。天皇の代替わりを機に、明治時代に合祀が認められなかった幕府方の戦没者などを中心に救済する手段として準用されることになった。

維新前後殉難者の特別合祀の祭神総数は表13の通り、百九十八名だった。このうち幕末殉難者は百六十八柱と全体の八割を占め、残る二割は、戊辰戦争と同戦争以外の殉難者であった。

幕末殉難者を対象にした最も早い特別合祀は、「文久二年及元治元年に於ける殉難者左記人名の者…特別を以て」（大正四年四月十三日付の陸・海軍省告示）で始まる第三十九回合祀であった。

合祀者は、文久二年（一八六二）の寺田屋事件で薩摩藩主後見人の島津《しまづ》久光《ひさみつ》の命令で同藩尊攘派の有《あり》馬《ま》新七《しんしち》らを上意討ちして闘死した道島《みちじま》五郎兵衛《ごろべえ》ら二名と、元治元年（一八六四）七月の禁門の変で御所を守った朝廷・幕府方で戦死した旧会津藩や桑名、彦根、福井など五藩の藩士六十名（幕臣二名含む）の計六十二名だった。

とくに、次節で詳しく述べるように、禁門の変の朝廷・幕府側の戦死者六十名の合祀は、御所を攻めた側の長州藩士の合祀より二十七年後だったが、画期的な出来事だった。これにより、明治維新の敗者にも復権の道が開かれたのであった。

そうはいっても、これらの特別合祀された殉難者も、最初から順調に合祀手続きに入ったわけではなかった。

禁門の変や寺田屋事件の殉難者については、維新史の見直しを進めた民間団体「史談会」と連携した島田三郎（衆院議員）らが国会を舞台にした合祀請願運動を展開した。明治四十二年（一九〇九）、両院で請願を採択されたが、長州閥側の抵抗も強く、大正四年（一九一五）になるまで合祀は放置されていた。

また、堺事件の高知藩士十一人や偽官軍事件で処刑された相楽総三ら赤報隊幹部、第二次幕長戦争で戦死した幕府側の浜田藩士（浜田藩は美作国の飛地に移り、明治元年より鶴田《たずた》藩と改称する）についても明治二十六年（一八九三）、高知県や長野県、岡山県の各県知事から内務省に相次いで合祀申請が行われたが、いずれも陸軍省の反対で却下となっていた。

その理由も素っ気ない。相楽について陸軍省は「戊辰の役官軍の節度に背きたる旨を以て…」と門前払いだった。

朝廷・幕府側殉難者の救済策

ところで、特別合祀された祭神の死没時点での出身藩別構成はどのようであろうか。注目点は「朝廷・幕府側」が「討幕側」を上回っている点である。

特別合祀が一番多かったのは、長州藩（山口藩）が支藩（親類）の岩国藩などを含めて六十九柱だった。しかし、会津藩（三十二柱）、福山藩（十四柱）、浜田藩（十三柱）などの佐幕諸藩出身者も決して少なくない。

禁門の変での会津、桑名両藩を中心とする佐幕諸藩出身者の計六十柱をはじめ、第二次幕長戦争で幕府軍として従軍した福山、浜田両藩の戦死者を含めると、朝廷・幕府側の特別合祀者の総数は少なくとも計九十二柱にのぼり、討幕側の長州、高知両藩の合計八十柱を上回った。

このことが意味するのは、大正期以降、特別合祀が幕末期に朝廷・幕府側に立って殉職した戦没者の一部を救済する手段として準用されていたことであろう。

第二次幕長戦争で幕府軍として従軍した旧福山藩（阿部家、十一万石）と旧浜田藩（松平家、六万千石）の戦死者の特別合祀もその一例といえよう。

福山、浜田両藩の戦死者の場合も禁門の変と同様、外形的には長州藩追討という「勅命」を奉じた幕府の動員に応じて、長州軍と戦った「官軍」だった。老中板倉伊賀守からの達文では、石州口で長州軍と戦った福山藩が「一の先鋒」で、浜田藩が「二の先鋒」だった。福山藩では堀越荘右衛門、瀬尾八十助、森川哲治ら十四名が戦没しているが、大正十四年（一九二五）四月になって靖国神社に合祀された。対戦相手の長州軍より三十七年遅れての合祀だったが、幕長戦争で長州藩と干戈《かんか》を交えた幕府方で最初の合祀者だった。福山藩と同じく石州口で長州軍と戦った浜田藩も、岸静江、山本半弥兵、永井金三郎ら十二名が戦没し、昭和八年（一九三三）四月に合祀された。浜田藩関係では、明治元年四月、幕長戦争と鳥羽伏見の戦いで幕府側に味方した責任を一身に背負い、京都で自決した同藩家老の尾関隼人もこの十二名と一緒に合祀された。

「石見役戦死者、靖国神社合祀請願」（矢富熊一郎『維新前夜石見乃戦』、一九六五年）によれば、「当時、我軍は立派な官軍であって終始最善を尽くして、御奉公申上げたのである」との記述がある。浜田藩が長州藩と戦ったのは「朝旨」を奉じたからであるとの主張であり、しかも「一の先鋒〔福山藩＝筆者注〕の戦死者が、合祀されている以上は、二の先鋒の戦死者も、同一の恩典に浴すべきことは理の当然」と訴えた。

しかし、第二次幕長戦争で靖国神社に合祀されたのは福山、浜田両藩の戦死者だけであり、同じく幕府から動員された諸藩の戦没者で合祀された者はほかにいなかった。福山、浜田両藩士の合祀が実現した背景には、両藩出身の陸・海軍関係者らの熱心な合祀請願運動があった。ただ、福山藩士十四名が合祀された大正十四年には、禁門の変や第二次幕長戦争で合祀漏れとなっていた長州藩関係の六十九名も特別合祀されており、長州藩側の戦死者と抱き合わせで合祀された側面も否定できない。幕府側のみを特別合祀の対象としたわけではなく、時代が下るにしたがって「合祀基準があってなきに等しい状況」を呈しているのであった。

同士打ちの寺田屋事件の前例合祀？

ところで、元治元年（一八六四）七月の禁門の変で会津藩などとともに御所を守った薩摩藩士七名も大正四年（一九一五）四月に靖国神社に合祀されたが、禁門の変で長州藩側に加勢して戦死した薩摩藩士二名が、会津藩士ら朝廷・幕府側六十名の合祀より十五年前の明治三十三年（一九〇〇）五月に合祀されていた事実は意外と知られていない。

同年四月二十一日付陸軍省告示によると、この二人は相良頼元、相良新八郎である。兄弟とみられ、肩書は「鹿児島（旧薩摩）藩士」だった。

禁門の変で敗れた長州藩士らの多くは、山陰街道に沿って逃走したが、京都・樫原《かたぎはら》の札の辻十字路で、長州勢に加わった相良兄弟と長州藩士楳本遷之助《うめもとせんのすけ》の三人は、百余名の小浜藩兵に取り囲まれた。三人は抜刀し、六、七人を切り伏せたが、多勢に無勢であっという間に切り倒されてしまった。小浜藩兵が引き揚げた後、住民がそっと出てきて、三人の遺体を台車に乗せて村外れの丘に手厚く葬ったとされる（『幕末維新京都史跡事典』）。

三人の遺体は近くの高円寺で葬られた後、樫原の共同墓地に改葬されたという説もあるが、明治三十八年（一九〇五）、岡村地区の村民が京都府に要望して木柱の墓を改修して石の墓碑を建立した。

樫原で相良兄弟とともに斬殺された楳本遷之助は、禁門の変で戦没した他の長州藩士らとともに明治二十一年（一八八八）に靖国神社に合祀されている。薩摩藩士の相良兄弟の合祀が楳本より十年以上も遅れた理由は何か。

相良兄弟は当初、宇都宮藩士という説があった。樫原の共同墓地にある二人の石碑には「薩州」とあるが、入り口付近の案内版には「元下野宇都宮藩相良頼元、同相良新八郎。なお相良兄弟は元薩摩藩士を名乗ったともいわれる」とある。

相良兄弟の戦死後、二人が身にまとっていた薩摩藩の家紋「丸に十文字」の入った「胴乱」をしていたことから、村民から届けを受けた京都奉行所の役人が薩摩藩京都藩邸に問い合わせたところ、薩摩藩側が「うちの藩士ではない」と否定していたことも、宇都宮藩士説の根拠とされた。

しかし、禁門の変で戦死した宇都宮藩士は天王山で自決した廣田精一、岸上弘の二人だけで、他に該当者はいなかった。明治二十一年の長州藩側の合祀の段階では、相良兄弟の人定が確定していなかったため、この時点での二人の合祀は見送られた。

相良兄弟の墓は樫原の共同墓地にあるだけで、栃木県内にも鹿児島県内にもなかった。ただ、相良兄弟は「元薩摩藩士」を名乗っていたといわれることから、禁門の変当時、同藩を脱藩して京都で活動し、禁門の変の際、宇都宮藩の私兵として扱われていた可能性もあった。

二人の合祀にあたってとくに問題になった形跡はない。薩摩、長州両藩出身のいずれかの高官から「禁門の変直後は混乱していて身元が判明していなかったが、元薩摩藩士ということで合祀できないか」と談合を持ち掛けられていてもおかしくない。なぜなら、相良兄弟は禁門の変で長州藩側に加勢して戦死したからである。二人が合祀された明治三十三年当時の首相は山県有朋、陸軍大臣は桂太郎と長州藩出身者、内務大臣は西郷従道、京都府知事は高崎親章《たかさきちかあき》と薩摩藩出身者だった。役者はそろっていたのである。

二人の合祀後、京都府が国から補修費が支給される「官修墳墓」の許可申請の際、当然、京都府や内務省は二人の元所属先とされた鹿児島県にも照会したはずである。すでに、二人は「薩摩藩士」として合祀されている以上、鹿児島県からも異論があろうはずはなく、石碑に「薩州」と表記したのであろう。

二人の合祀から六十年後の昭和三十五年（一九六〇）、地元の鹿児島県護国神社に禁門の変で長州軍と戦って戦死した薩摩藩士の赤井兵之助ら七人とともに、相良兄弟も合祀された。

相良兄弟は薩摩藩士として国家が正式に認定した。このため、同士打ちの双方が合祀されることになったのは、寺田屋事件の薩摩藩士が最初ではなかった。禁門の変での会津藩士三十二名と寺田屋事件の道島五郎兵衛ら二人が合祀される十五年前の話である。

日清戦争後に拡大する合祀基準

維新前後殉難者の「特別合祀」は前述の通り、日清戦争でコレラなどの伝染病に感染して戦病死した軍人らを特別に合祀した前例を準用したものであった。

日清戦争以前の内戦でも、戦病死者は多数出現していた。幕末殉難者を対象とした「殉難者合祀」では、長州藩士の高杉晋作のような病死者で合祀された者もいた。また、戊辰戦争では「官軍」側の戦病死者多数を合祀したことも前述した。ただ、佐賀の乱以降の「戦死者合祀」、とくに六千七百八十八名を合祀した西南戦争では、負傷後死亡の者（戦傷死）や戦闘の事故死（味方撃ち、進撃途上の溺死、捕虜となり殺害された者）も新たに合祀の対象となっていたが、戦病死者の多くは自己責任とみなされたためなのか、「不名誉な犬死」とされ、合祀対象からは除外されていた。

それでは、日清戦争で合祀基準はどのように変わったのか。明治三十一年（一八九八）九月三十日付の陸軍省告示第十二号を見てみよう。

明治二十七・八年戦役並に台湾及朝鮮国に於ける戦死者、左記甲号の人名、今般靖国神社へ合祀被仰出、右同時に明治二十七・八年戦役中戦地に於いて疾病若《も》しくは、災害に罹《かか》り、又は出征事務に関し死没したる左記乙号の人名、特旨を以て、戦死者同様合祀被仰出候条、来る十一月四日午

前零時三十分招魂式執行、同日及五日の二日間臨時大祭を執行す

陸軍省告示では、戦（傷）死者を甲グループとし、戦地における戦病死者等を天皇の特旨による乙グループに分類し、乙号の該当者を①疾病（戦病死者）、②災害死者、③出征事務に関し死没した者としている。

こうした告示とは別に、陸軍省では戦病死者について帰国後三年以内の死亡者に限定する内規を定めていたが、特例を設けた背景には、コレラや赤痢、チフスなどの伝染病に感染した戦病死者の急増があった。

陸羯南《くがかつなん》が社長の新聞『日本』の記者で、のちに政治家となって犬養毅《いぬかいつよし》と行動を共にした古島一雄《こじまかずお》は、明治二十八年（一八九五）に台湾、澎湖島《ほうことう》での戦闘に従軍記者として参加した時のことを回想している。明治期のジャーナリストが見た生々しい証言なので、少々長いが次に引用した。

もう時期が時期で、僕の行った時は澎湖島の戦争が主だった。これは澎湖島の砲台を目がけて、こっちの艦から三十センチの大砲で射撃するので、まるで演習のようなもの、敵の砲台から撃ち出す砲弾は艦隊には達せずに途中で落ちてしまうから少しも損害はない。砲台を乗取っていよいよ陸軍が上陸する。海軍の陸戦隊も上陸する。それについて僕も上陸して見た。そうすると、病気している兵隊が非常に多い。どうしたのかと思っていると、どうもコレラらしい。だんだん軍医に聞くと、金州丸という陸軍の運送船の中にコレラが発生して、それがずっと蔓延して行った。

金州丸だけならいいが、上陸の時に他の人に伝染して、陸軍の兵隊は片ッ端からコレラで死んでしまう。（中略）

僕は戦争というものは敵の弾丸で死ぬる者はごく僅かで、病気で死ぬる者が非常に多い、どうも戦争は悲惨なものだという感じを受けたことを今でも忘れることができない。後に東京に忠霊塔を建立する時に碑文を頼まれて書いたが、それが海軍に従軍した初めての記念である。（『一老政治家の回想』、中公文庫、一九七五年）

日清戦争は日本が初めて経験する本格的な対外戦争であった。「日清戦争の戦没者一万三二六七名のうち一万一四二七名（うち海軍一〇七名）が戦病死者（戦没者全体の八六パーセント）」（大江志乃夫『靖国神社』）と、戦病死者が戦死者の九倍近くに達した。戦場となった朝鮮半島や南満州、台湾はもともと衛生環境が悪く、軍の衛生管理も不十分であったことは明らかであったため、陸軍省は新たな対応を迫られることになった。

『靖国神社誌』によれば、日清戦争の合祀者は一万三千六百十九名にのぼるが、このうち戦闘による死者（戦死・戦傷死）は二千名余にすぎず、残りはコレラなどの伝染病による戦病死者が圧倒的多数だった。

戦病死者の特別合祀

戦病死者の特別合祀（特祀）の背景について、大江志乃夫は、戦病死者のほとんど全員が陸軍出身者であることと、特別合祀の陸軍大臣告示が明治三十一年九月三十日に出された政治的意味に着目している。来るべき日露戦争を想定した陸軍の軍備大拡張、近衛師団を含む七個師団から十三師団への拡張計画で、屯田兵整理との関係で編成が遅れていた北海道の第七師団を除く第八師団から第十二師団までの編成が発令されたのは同年十月一日であることから、「師団倍増の軍備大拡張の全貌が国民の目に明らかにされるまえに、日清戦争における報いられることのなかった戦没者の大部分をしめる戦病死者の処遇について軍＝国家の態度を国民に明確にしておかなければ、軍備大拡張にたいする国民の合意は得られないであろう。とくに天皇の『特旨』を強調するかたちでの『特祀』というかたちの合祀が告示されたことは、それなりの政治的効果を計算したうえでのことであった」（同書）と分析している。

陸軍省告示では「戦死者同様合祀」と戦病死者の扱いを明記したが、日清戦争の場合も、合祀が優先されたのは戦死者だった。明治二十八年十二月に千四百九十六名がいち早く合祀され、翌年さらに二百余名が追加されたが、これらの合祀者は戦死者だった。その後、三十一年十一月、戦病死者を主とする一万千余名が一挙に合祀された。『靖国神社誌』の合祀年月の一覧表には、明治三十一年十一月に合祀された一万千三百八十一名について、追加合祀の戦死者（三百六十二名）と区別し、「戦役中疾病又は災害に罹《かか》り出征中死没者（特祀）」として戦病死者および戦時災害死者（計一万千十九名）を別記している。

こうした扱いは、日露戦争も同様であった。同戦争の戦死者は明治三十八年（一九〇五）十一月と翌年五月の二度にわたって、合計六万八百四十三名が合祀されている。これに対し、「同戦役に戦死戦傷後死没し前年合祀未済《みさい》者（特祀）」と「同役業務に従事し傷痍《しょうい》疾病等に因り死没者並同役に死没せる者（特祀）」の合計二万四千六百五十七名の特別合祀（特祀）は二年後の明治四十年に行われた。この「特祀」のうちの前者は、戦死の認定にてまどった者（生死不明）あるいは復員後の傷死者などで、内地の陸軍病院や病院船で勤務中に伝染病に感染して病死した日赤の従軍看護婦二十二名も含まれている。同じ靖国神社の祭神とはいえ、合祀の戦死者と「特祀」の戦病死者と戦時災害者とのあいだで、わざわざ「特祀」と明記し、合祀の年月も遅らせるなどの差別もあった、と大江は指摘している。

日露戦争後の維新見直し運動

維新前後殉難者の合祀や請願運動は日露戦争後、帝国議会を舞台に活発化していくが、その中心的な役割を担ったのは、民間団体の史談会であった。

史談会は明治二十二年（一八八九）四月、島津（薩摩）、毛利（長州）、山内（土佐）、水戸徳川の四

家と三条、岩倉両家を中心とする家史編さん関係者によって組織化された。前年七月、島津、毛利、山内、徳川（水戸）の四家に対し、宮内省より嘉永六年（一八五三）から明治四年（一八七一）までの旧藩時代の国事調査を命じられたことを受けたものであった。宮内省は、さらに徳川宗家や尾張徳川家をはじめとする旧大名二百六十余家にも順次史料収集を下命し、九十四家の旧大名が史談会に加入した。史談会結成の直接的なきっかけは、明治二十年に死去した薩摩藩の島津久光の遺命により、家臣の市来四郎とそのおいの寺師《てらし》宗徳《むねのり》が宮内省などにはたらきかけて実現したものだった。

宮内省は島津家等四家の編集事務所ということで明治二十三年、馬場先内の旧元老院跡に一室を貸与し、さらに翌年七月に赤坂離宮内に史談会の事務所が設けられた。「旧藩事蹟取調所」と称され、明治二十六年からは旧各藩国事始末取調費として月額百円ずつ交付されるようになる。

設立当初の役員は、会長一名は空席だったが、副会長に伊達《だて》宗城《むねなり》と蜂須賀《はちすか》茂韶《もちあき》の二名、幹事長に金子堅太郎が就任した。伊達宗城が明治二十五年十二月に死去すると、副会長を三名として伊達の後任に池田《いけだ》茂政《もちまさ》、さらに華族へのパイプ役として東久世《ひがしくぜ》通禧《みちとみ》を選任した。その後の会長、副会長には、大《おお》原重朝《はらしげとも》伯爵や由利《ゆり》公正《きみまさ》子爵（越前藩出身）ら藩閥外の名士をそろえた。

史談会の規則は「各家主及各家編集員相会し、近世歴史に関する内外の実蹟を談話討究し、材料を交換保存し編輯《へんしゅう》史料となすを目的とす」（第一条）、「兼ねて国家に功労ある者を表彰することを図り其特殊なる者は褒賞の典に其筋に上申することあるべし」（第二条）とある。目的の主眼は旧藩時代

日露戦争の旅順忠霊塔

の史料を持ち寄っての史実確定と国事鞅掌《おうしょう》者からの聞き取りにあった。

毎月一回会合を開き、幕末維新を経験した古老の実歴を聞く形をとった。史談会での聞き取りなどの史料収集の成果は、雑誌『史談会速記録』に掲載され、明治二十五年の第一輯から昭和十三年（一九三八）四月の第四百十一輯までの刊行が確認されている。明治三十三年（一九〇〇）、史談会規約の変更に伴い、同会は法人化されるとともに、会の目的を「本会は明治中興の史料を採集し之を編纂保存するを以て目的とす」と改めた。

史談会の活動にとって大きな転機となったのは日露戦争であった。東京大学名誉教授の宮地正人氏は「これを契機にこれまでの各藩家史編輯員団体的性格から抜け出すことになる」（「政治と歴史学―明治期の維新史研究を手掛りとして―」）と指摘している。

宮地氏の調査研究によると、明治三十八年末の会員名簿では藩に所属しない一己資格会員は前年に入会した「慶喜公伝」編輯の江間正充と勝田孫弥の二名のみだったが、一己会員の月額会費を引き下げ、広く入会を呼びかけた結果、大正末までに一己会員は地方会員を含め百三十二名となる。その中には田中弘之、佐々木安五郎、村松恒一郎ら反藩閥的色彩の強い国民主義者が旧幕関係者とともに加わり、次第に国家の隠れた功労者への表彰に活動の重点が移り、「薩長藩閥政府」批判を強めていくことになった。

史談会による請願運動

こうした史談会の方針転換を内外に明確に示したのは、明治四十年（一九〇七）三月、同会が行った両院への「殉国志士表彰追録之請願」だった。請願事項は、（一）嘉永年間より明治二十三年の間に戦闘の際戦死し及び国事上斬殺刑死の厄難に罹《かか》りたる者は靖国神社に合祀せられ度事、（二）前項の者にして勲績ある者は復位贈位又は追賞の典を行われたき事の二項目であり、合祀や贈位の対象人員は延べ一万四千四百二十六名にのぼった。この人名表は同年十一月、「戦亡殉難志士人名録」のタイトルで刊行されたが、井伊直弼や小栗忠順《おぐりただまさ》、近藤勇のような幕臣はもちろんのこと、幕府に内通していた疑いで長州藩当局から処刑された長州藩奇兵隊第三代総管の赤禰武人《あかねたけと》や「水戸両派争闘事件」で明治元年脱藩した水戸市川派（いわゆる「諸生派」）二百五十四名、さらには同三年の長州脱藩騒動百四十名、同十一年の「竹橋事件」の近衛兵五十三名など、新政府軍に公然と反旗を翻した反乱軍関係者も含まれていた。

衆議院で請願の趣旨説明に立った史談会会長の由利公正は「正奸の名別の如《ごと》き審に其情勢を察する

に多少其行為に異同ありとするも結局彼此の意思に差等あるにあらず」と官軍と賊軍で区別する歴史観は無意味だとした上で、「近くは明治三十七八年の戦役〔日露戦争＝筆者注〕を遂け以て世界雄飛の盛運を見るに至らしむ（略）遂に協和一致して今日の国運を致せしなり是に依て之を考ふれは等しく国家に殉するもにして相俱に護国の士と称すへきなり」と演説した。

由利演説の論旨は、すでに前年六月の史談会主催の「殉国士英霊吊慰会」で示されていた。史談会は日露戦争の勝因を「日本国民の精神」の発露ととらえ、嘉永から明治二十三年議会開設までの国事殉難者が今日の基礎をつくったので、「彼我斃れて国命に殉したるは均しく国家の根礎となりしものにして、又今日に至り相呼ふに正奸官賊の異同を論争するの要あらん」と言い切っていた。

また、史談会は明治維新での「報効盡節の志士にして一世に顕著なる事歴ありと認むるもの」を審査し、その功績を「報効志士人名録」に採録して、表彰追贈を求める贈位請願運動を帝国議会に行った。明治四十五年段階で、約一千人分の報効志士の事歴録を作成し、百二十人余りの贈位追賞を実現したとされる。

こうした史談会の急進化は、藩閥側を大いに刺激したのは言うまでもない。反撃も速かった。その一端は、井伊直弼の銅像除幕式の延期と「桜田十八烈士五十年祭典」キャンペーン、さらには長州藩奇兵隊総管・赤禰武人の贈位請願の却下としてあらわれたことは、第二章の各節で前述した。これ以外の動きで見逃せないのは、史談会設立以来のメンバーであった水戸徳川家や毛利、島津家の家史編さん者や幹事長だった金子堅太郎らの相次ぐ脱会であり、維新史料編纂会の設置だった。

維新史料編纂会は明治四十四年五月、維新史の見直し運動を進める史談会の動きを「『官賊混同』の歴史観」と痛烈に批判した長州閥元老の井上馨が中心となって設立された。総裁に井上馨、副総裁に史談会を退会した金子堅太郎がそれぞれ就任し、顧問は山県有朋、大山巌、松方正義、土方久元、田中光顕、板垣退助の六名だった。

藩閥側の大逆襲があったにせよ、大正期以降、幕末殉難者を対象にした特別合祀が行われた背景には、維新史の掘り起こしと見直し運動を続けていた史談会による国会を舞台にした合祀請願運動があった。そして、日清・日露戦争を経て、第一次世界大戦という本格的な対外戦争時代を迎え、「今や官軍も賊軍もない」という「天皇陛下の臣民」像が形成され、維新以来の勝者（「官軍」）と敗者（「賊軍」）との融和が図られるようになったのであった。

2　第一次大戦中の特別合祀

旧会津藩士の屈辱

会津藩は禁門の変から三年半後の鳥羽伏見の戦い（明治元年一月）後、一転して朝敵・賊軍となった。

鳥羽伏見の戦いの敗報に接した徳川慶喜は明治元年（一八六八）一月六日夜、元京都守護職松平《まつだいら》容保《かたもり》や元京都所司代松平定敬《さだあき》を引き連れ、ひそかに大坂城を脱出、幕府軍艦「開陽丸」に乗船して江戸に逃げ帰った。慶喜は恭順を表明し、二月十二日、上野東叡山寛永寺《かんえいじ》に移って謹慎生活に入った。容保も同月上旬、藩主の座を養子の喜徳《のぶのり》に譲ることを申し出るとともに、慶喜にならって恭順の姿勢を取った。江戸城への登城も禁じられ、十六日、会津に向けて出発したが、鳥羽伏見の戦いでは槍隊をひきいて「鬼官兵衛」と恐れられた佐川官兵衛を中隊司令官に任命し、十八歳から三十五歳までの藩兵にフランス式歩兵訓練を行うなど、抗戦の準備も進めた。

容保が「武備恭順」の姿勢をとったのは、大坂から江戸に戻った藩士や会津から応援に駆けつけた藩士の怒りが収まらず、薩摩、長州両藩への憎悪が高まり、主戦論も台頭してきたからだった。こうした中、仙台、米沢両藩を中心とする奥羽諸藩は、「会津藩寛典処分」を求める嘆願書を何度も新政府に提出したが、新政府軍によっていずれも退けられた。ついに五月三日、東北諸藩や長岡藩などを中心とする三十一藩からなる「奥羽越列藩同盟」（東軍）が成立し、新政府軍（西軍）との戦闘が切って落とされたのであった。

戊辰戦争最大の激戦となった会津戦争での会津藩側の戦死者は三千名余に達し、会津藩とともに戦った東北諸藩を中心とする「奥羽越列藩同盟」の殉難者は四千六百五十名余にのぼった（会津弔霊義会『戊辰殉難追悼録』）。これらの戦死者は朝敵・賊軍ゆえに、東京招魂社（のちの靖国神社）はもとより、地元の招魂社にも祀られることはなかったが、それればかりか、会津藩側の戦死者の遺体は埋葬さえ許可されず、半年以上も山野や路傍に放置されたままだった。

結局、遺体は阿弥陀《あみだ》寺と長命寺に埋葬されることが許されたが、両寺ともに会津藩の刑場近くであったことなどが政府軍の選定理由とされ、死後も罪人同様の扱いを受けることになった。もっとも「会津藩の靖国神社」たる阿弥陀寺での祭祀は仏式であり、戦死者は「カミ」ではなく「ホトケ」として祀られた（今井昭彦『反政府軍戦没者の慰霊』）という。

さらに、会津藩にとって屈辱的だったのは、靖国神社の前身である東京招魂社時代の例祭日は、正月三日（鳥羽伏見の戦いの勃発の日）、五月十五日（上野彰義隊壊滅の日）、五月十八日（函館の旧幕府軍降伏の日）とともに、会津藩降伏の日（のちに降伏日である九月二十二日は明治天皇の誕生日である「天

会津藩が本陣を構えた金戒光明寺

長節」に当たるため、二十三日に改められた）だった。
「官軍」と「賊軍」との峻厳《しゅんげん》なる区別。維新後、辛酸をなめ続けた会津藩の筆舌に尽くしがたい苦難の歴史は枚挙にいとまがないが、この二つの事実は会津人の記憶に長く深く刻まれた。しかも、すでに触れたように、元治元年（一八六四）の禁門の変の戦死者で真っ先に合祀されたのは、御所を守った側の会津藩など朝廷側の戦死者ではなく、御所に攻め入った長州藩側の戦死者だった。

しかし、禁門の変の時点では、会津藩はまぎれもなく天皇を奉じる「官軍」だった。

会津藩の松平容保が京都守護職を拝命したのは、文久二年（一八六二）八月である。同年十二月末には、容保は約千名の藩士を引き連れて京都に到着し、早速、本陣を京都・黒谷の金戒光明《こんかいこうみょう》寺《じ》に置いた。原則的に藩兵約千名が常駐し、一年おきに交代した。役料は五万石だった。

幕末の京都と会津藩の誇り

京都守護職を拝命した容保は、天保六年（一八三五）年、美濃国高須《たかす》藩主松平義建《よしたつ》の六男として生まれた。高須藩は徳川御三家の一つ尾張家徳川家の支藩三万石。容保が会津藩主松平容敬《かたたか》の養子として同藩江戸藩邸に入ったのは弘化三年（一八四六）、十二歳の時だった。容保は十六歳で元服し、翌嘉永四年（一八五二）六月に初めて会津の土を踏んだが、滞在中に療養中の義父容敬が急死し、十八歳で藩主の座に就いた。

容保は当初、一橋慶喜や松平慶永（春嶽）からの再三にわたる京都守護職就任の要請を断っていた。藩財政はすでに房総、蝦夷地警備の任にあったことで窮乏状態にあり、家臣も一致して就任に反対だった。しかし、松平慶永が会津藩祖・保科正之《ほしなまさゆき》の「会津藩たるは将軍家を守護すべき存在」との家訓を引き合いに出したため、ついに承諾したのだった。容保は「京都を死に場所と定めた」と決意した。

京都守護職とは、政事総裁職などとともに新設された江戸幕府の役職である。元来、京都所司代、京都町奉行が、京都の治安維持に当たっていたが、文久年間に入り、政治の舞台が江戸から京都に移り、尊攘過激派による天誅《てんちゅう》（要人暗殺）や商家への強盗などの騒動が横行し、所司代・奉行所のみでは防ぎきれないと判断した幕府が、京都市中の治安維持及び御所、二条城の警備を担う役職として設置した。

京都守護職は京都所司代・京都奉行・京都見廻役を傘下に置き、幕臣により結成された京都見廻組も支配下とした。守護職御預かり（非正規部隊）として新選組もその配下に置き、治安の維持に当たらせた。

以来、会津藩は五年間にわたって京都の治安を担ったが、在職中、孝明天皇の信任が殊のほか篤《あつ》かった。

特に文久三年の八月十八日の政変での働きでは、容保は孝明天皇から天皇が直々に書いた文である「宸翰《しんかん》」と御製《ぎょせい》を賜うなど、天皇の絶大なる信頼を得たのだった。

八月十八日の政変は、五日前に長州藩尊攘派と急進派公卿《くぎょう》による天皇の大和行幸の勅命降下に対し、長州藩の封じ込みを図る動きが活発化し、十八日深夜、勅命を得た会津、薩摩両藩は御所の門を固め、三条実美《さんじょうさねとみ》ら急進派公卿の参内を差し止め、長州の堺町御門の守衛を解き、長州派の三条ら公卿七人を御所から追放したクーデターであった。この政変で容保に寄せる孝明天皇の信頼は揺るぎないものとなった。

孝明天皇の信頼が篤かった容保が「朝敵」扱いのままでいいのか。明治も三十年代になって、さすがにこれはおかしい、ということになった。

疑問の声は長州藩出身の高官からも上がった。明治三十四年（一九〇一）ごろ、極度の財政難に陥っていた松平家の窮状を憂いた松平家の財政顧問でもあった東京帝国大学総長の山川健次郎が救助策として、つてを頼って長州藩出身の陸軍中将三浦梧楼《みうらごろう》を松平家に招いた。そこで孝明天皇の宸翰を見せられた三浦は驚愕し、この宸翰が世の中に出ると、会津藩を朝敵としてきた政権の根拠が揺らぐと心配となり、戻って宮内大臣の田中光顕《たなかみつあき》に相談する。田中も宸翰の話に驚き、山川が計画していた京都守護職時代のことを記した『京都守護職始末』の出版を見合わせる代わりに、内帑金《ないどきん》から三万五千円を松平家に下賜することに決まった。こうして、松平家の財政危機は救われるが、孝明天皇が松平容保に与えた宸翰の存在が一部の人々の間で知られるようになっていたのであった。

結局、『京都守護職始末』は明治四十四年（一九一一）に刊行されるが、その前に旧会津藩士の北原雅長が同じ京都守護職時代のことを記した『七年史』を刊行し、すでに宸翰の話は表に出ていた。

史談会の請願運動が奏功

一方、帝国議会を舞台に禁門の変の会津藩戦死者の合祀を求める請願運動が活発化し、日露戦争後、薩長藩閥政府を批判する格好の攻撃材料となった。運動の中心を担ったのは前述の通り、明治二十二年（一八八九）に設立された民間団体、史談会だった。

史談会の活動は、当初幕末維新を生き抜いた古老の回顧談を聞いて記録することにあったが、次第に国家の隠れた功労者への表彰に重点が移った。禁門の変での会津藩戦死者と寺田屋事件の殉難者は、ともに孝明天皇の勅命を奉じたものであることから、史談会の合祀請願運動の中心的テーマとなった。

史談会が最初に禁門の変の未合祀者に関する合祀請願を行ったのは明治三十九年（一九〇六）の第二十三回帝国議会だった。この時は会期切れで目的は達成されなかったが、明治四十二年には史談会会長大原重朝の名で、禁門の変の戦死者合祀の請願が再提出され、議会で請願は採択された。しかし、政府は「調査未了」という答弁に終始した。

このため、同四十四、四十五年には元東京毎日新聞社長で衆院議員の島田三郎らが国会で当局を追及したが、政府は「本件は関係するところが重大であるから、今尚調査中」、「既に調査に着手したが、事態が錯綜《さくそう》しているため今尚調査中」と応じなかった。

大正二年（一九一三）は禁門の変の五十周年に当たり、八月二十日、上野東照宮で旧幕臣や彦根、会津、桑名、小浜《おばま》などの旧藩士らが集まり、五十年祭と法要が行われた。その翌年二月三日、第三十一回帝国議会で愛媛県出身の衆院議員村松恒一郎が元治元年の禁門の変と、文久二年の寺田屋事件の殉難者の靖国合祀請願について再び取り上げた。村松は日清戦争時に『関西新聞』の従軍記者として鳴らし、史談会では島田三郎と並ぶ論客として知られた。村松の質問演説の要旨は次の通り激烈なものだった。

禁門に向って鉄砲を打掛けたりと云う事実は、取りも直さず逆賊暴徒の所為であるということは誰人が見ても間違いがないことである。（略）逆賊暴徒が忠義の士であるとして靖国神社に祀られて、朝命を奉じて戦死した真の忠義の士は、今尚不祀の鬼となっておる。全く正奸忠邪を逆用したやり方である。

この追及に対し、政府は約二カ月後に「本請願に関しては政府はすでに大礼の方針を決定し目下之が詮議の手続き中なり」と答弁し、ようやく大正四年（一九一五）四月に「文久二年の寺田屋事件の殉難者及び禁門の変の殉難者計六十二名」が合祀されることに決定されたのであった。

会津藩士の合祀が遅れたのはなぜか

禁門の変で戦死した会津藩士が靖国神社に合祀されたのは、長州藩士らに遅れること、実に二十七年後だった。合祀は、明治天皇の時代には実現せず、天皇の代替わりがあった大正に入ってからであった。しかも、合祀を伝える陸軍省告示に「特別を以て」とあるように、天皇の「思召《おぼしめし》」による特別合祀であった。合祀には変わりはないが、長州藩士の六百一名が合祀された明治二十一年の陸軍省告示では「嘉永六年癸丑以来殉難死節したる」との文言の差は歴然で、長州閥出身の政府関係者が会津藩士らの合祀に渋々応じたことは明々白々だった。

禁門の変で御所を守った側や寺田屋事件で勅命を奉じた主君の命令に従った殉難者の合祀請願が採択から六年間も放置され続けたのはなぜか。

禁門の変関係では、明治二十年代に長州藩側の合祀が終わっていた。このため、会津藩など幕府側の戦死者を合祀すれば、「靖国神社内で再び蛤《はまぐり》御門《ごもん》の戦いが繰り返される」と元老の一人、井上馨が難色を示し、陸軍省も「敵味方双方を合祀した前例はない」と了承しなかったといわれる。裏から合祀の意向を打診された山県有朋は「それは尤《もっと》もであるが、私の立場としては如何ともすることができぬ。陸軍省に行ってくれ」（『史談会速記録』二二九輯）と言質をとらせなかった。長州藩出身の元老たちがなかなか了解しなかったからであった。

旧会津殉難者三十二名とは

禁門の変で戦死した朝廷・幕府側の合祀者は、表14の通り、六十名であった。旧藩別の内訳は会津藩三十二名、彦根藩九名、薩摩藩、福井藩各七名、桑名藩三名、幕臣二名だった。

財団法人会津弔霊義会（福島県会津若松市）が昭和五十三年（一九七八）に発行した『戊辰殉難追悼録』によると、靖国神社に合祀された禁門の変の朝廷・幕府側戦死者六十名のうち、会津藩士三十二名の顔触れと死没時の年齢、家禄などは表15（一八四頁）の通りである。

このうち、千里市之助、増田八助、鹿目悦蔵、佐藤九右衛門、赤井重兵衛、鈴木武司、佐藤啓蔵、遠藤豊之助、善次を除く二十三名は、会津藩が本陣を置いた京都・黒谷の金戒光明寺境内内の会津藩殉難者墓地に墓碑があった。このほか、靖国神社に合祀されていないが、「唐御門前戦死」と刻まれた安藤新次郎と、「十九日戦死」とされる栗木藤四郎の墓碑も現存する。

合祀された三十二名とはどのような人物だったのであろうか。具体的にみてみよう。

このうち四百石の篠田岩五郎をはじめ、中澤鉄之助（同二百八十石）、有賀権左衛門（同二百五十石）、山際久太夫（同百四十石）、柴辰之助（同百五十石）、吉田鶴太郎（同百石）ら百石以上の上士（高級藩士）計六人を含む藩士は二十六名（それ以外は従僕六名）にのぼるが、陣将や組頭などの幹部は一人もいなかった。藩士以下の無名に近い人々が中心だったのである。

会津藩側からみた禁門の変の主戦場は、唐御門、蛤御門、堺町御門の三カ所であった。戦没者として最も多かったのは唐御門前の十二名、蛤御門前が十名、堺町御門前三名だった。死因は大砲や鉄砲傷による者が多かった。

表14　禁門の変殉難者の旧藩別合祀状況

朝廷・幕府側	討幕側	合祀数（柱）
会津藩		32
彦根藩		9
鹿児島藩		7
福井藩		7
桑名藩		3
幕臣		2
	山口藩	240
	久留米藩	7
	宇都宮藩	2

『忠魂史』を基に作成。朝廷・幕府側と反幕府側の区別は，合祀者の死没時点での立場。

特に、蛤御門前の戦いでの一ノ瀬伝五郎隊、蛤御門前と堺町御門前での戦いの大砲隊の活躍はめざましく、隊員別では一ノ瀬隊の戦没者は八名だった。

各戦線での戦没者の中で一番有名なのは、唐御門前で「一番槍《いちばんやり》」を果たした後に戦死した窪田伴治忠順である。窪田は唐御門を守っていた家老内藤介右衛門の支配下の二番組に所属し、国司信濃《しなの》率いる長州勢の進撃に対し、「槍入れ」と称して槍を構えて突撃する。一番槍で相手方二人を倒したが、数カ所の手傷を負っ

表15　禁門の変で没した会津藩士

氏　名	没年齢	家　禄　な　ど
篠田岩五郎	35	400石
中澤鉄之助	26	280石
有賀権左衛門	46	250石
山際久太夫	47	140石
柴辰之助	40	150石
吉田鶴太郎	38	100石
小原治八	38	13石3人扶持
小野田午太夫	46	
馬場八郎	32	
楠藤之進	31	80石
窪田伴治	39	11石2人扶持
千里市之助	28	13石2人扶持
西村久之助	25	3石2人扶持
赤井重兵衛	40	4石2人扶持
佐藤清之助	45	6石5斗2人扶持
高橋猪三郎	22	6石2人扶持
鈴木武司		6石2人扶持
鈴木馬之助		
若林源八	26	6石2人扶持
菅源吾		内藤介右衛門家来
佐藤九右衛門		大熊貞治撲
徳四郎	50	飯田兵左衛門撲
勝右衛門	45	町野伊左衛門撲
音次郎	41	日向藤九郎撲
善次		安藤新次郎撲
仙太郎	24	内藤介右衛門家来
平兵衛	31	
増田八助		一瀬隊物頭遠山組足
鹿目悦蔵		
佐藤啓蔵		生駒隊安藤組足
遠藤豊之助		生駒隊小野組足
荒井源太郎		物頭日向組足

て戦死した。三十九歳だった。

窪田の戦死で窪田家の家督は十三歳の重太が相続し、禁門の変の戦功で八石二人扶持から一気に四百石に加増された。禁門の変での会津藩の戦功表彰は「上等」から「等外」まで八段階に分かれたが、窪田は最も戦功が高く評価された「上等」だった（河内山雅郎『会津禁門の變戦記』）。

しかし、まもなく鳥羽伏見の戦いに始まる戊辰戦争で、会津藩は「朝敵」として、新政府軍から攻撃を受けることになった。会津藩は降伏後、大削封の上、奥州最北端の地に転封（藩名を斗南《となみ》藩とした）された。このため、窪田家の家禄が増えた期間はわずかな数年間に過ぎなかった。

また、禁門の変の会津側の戦死者は、靖国神社に合祀された三十二名だけではなかった。『甲子雑録』によると、「松平肥後守より大目付神保伯耆守様へ御届に相成候写」には、左記の十五名が戦死者として名を連ねている。

金戒光明寺にある窪田伴治ら会津藩士の墓地

中山源八郎　喜久見児環　勝吉右衛門太郎　猪飼宇伝次
松平将監　児玉隼人　滝口斎馬　棺碇　高久主税　光原
次太夫　篤野宗太　児玉実間　大川左近　坂上無量之助
坂上玉吉

さらに、『会津禁門の變戦記』によれば、次の十一名も会津藩関係の戦死者とされる。

勝見庄左衛門　児玉新吾　鈴木条助　高橋勝三郎　滝山
喜宮　富久鬼面　孕石徳之助　日置寅馬　堀録太郎　森
冲　民之助

この二十六名は禁門の変での所属や戦歴は判然としない。合祀漏れとなった可能性もあるが、合祀請願時点では、これらの戦死者まで調査が及ばなかったため、これらの人たちには到底天皇の深き思召による「聖恩」は及ばなかったのであろう。

維新後の松平容保一族

ところで、会津戦争後、容保と喜徳ら松平一族と、その家臣たちのその後の処遇はどのようなものであったか。

会津藩が降伏した明治元年（一八六八）九月二十二日、容保と喜徳は薩摩、土佐の藩兵に護送されて滝沢の妙国寺に到着、監禁された。東京に送られた容保は因幡藩池田家に、喜徳は久留米藩に預けられ、十二月七日、首謀者とされた家老の萱野権兵衛が死罪、容保は死一等を免じられて鳥取藩に永《なが》預《あずけ》、喜徳も久留米藩主有馬頼咸《ありまよりしげ》に永預とする処分が発表された。

明治二年九月、容保らの罪は許され、血脈の者をもって家名再興が認められることになり、容保の側室の佐久が生んだ容大《かたはる》が家督を相続し、陸奥国において三万石を賜ることになった。これに伴い、十代藩主だった喜徳は謹慎が解かれた明治五年、離縁して実家の水戸に戻り、喜徳の実弟で松川（旧守山藩）藩を継いだ後に病死した松平頼之の跡を継いだ。明治九年にはフランスに留学したが、同二十四年、三十七歳の若さで亡くなるなど、不遇な生涯であった。

明治三年一月には重臣らを除く家臣四千六百七十人が謹慎を解かれ、容大に引き渡され、新天地の旧南部藩領の斗南藩に移住が始まった。しかし、新天地は実質七千石ともいわれた瘦せ地で、二十八万石だった会津とは雲泥の差であり、とても藩士全員を連れて行ける状況ではなかった。藩士は藩主に従って四千三百三戸余、一万七千余人が移住したが、郷里の会津に残って帰農商工する者、東京や北海道に新天地を求めて移住する者など、全国に離散した。

廃藩置県後の明治四年八月、容保と容大は東京に居住、翌年一月六日、容保・喜徳父子及び旧桑名藩主の松平定敬《さだあき》の謹慎が解かれ、佐川官兵衛ら重臣の罪も許された。容保は明治九年、従五位に叙せられ、明治十三年には日光東照宮の宮司に就任する。明治十七年七月には華族令が制定され、容大は子爵を授かるが、容保は明治二十六年（一八九三）十二月五日、東京小石川の自宅で死去。五十九歳だった。前日には正三位を贈られていたが、晩年は会津戦争については何も語らなかったと伝えられる。

「忠誠神君」松平容保の嘆き

さて、禁門の変で戦死した会津藩士の靖国合祀の動きについて、同藩士たちはどのように受け止めていたのであろうか。

旧会津藩士の会「会津会」の会報『会津会会報』二号（大正二年六月発行）に、松平容保の逸話を集めた「忠誠神君の御逸事」という旧藩士の回顧談が残されていた。

史談会から松平家に対し「蛤御門の変での戦死者を靖国神社へ合祀させるべく請願しようと思うので、戦死者の氏名、年齢などを調査して報告してほしい」という照会があった。

松平家の執事《しつじ》である家令として勤務していた樋口光は早速、松平容保の元に参上し、「（禁門の変で戦死した）これらの者たちは当然合祀されるべきものと思われますが、いかが致しましょうか」と尋ねた。容保はおもむろに「蛤御門にせよ、鳥羽伏見にせよ、むろん会津戦争にせよ、余の心においてはみな同じ忠義の者たちである。なぜに蛤御門の戦死者のみ合祀申請することができようか」と語ったとされる。樋口は容保の心中を察して感泣し、顔を上げることもできず、御前を退いたのであった。

このエピソードがいつごろの話かははっきりしない。ただ、容保が亡くなったのは明治二十六年であるから、史談会が結成された明治二十二年から同二十六年の間の話であろう。また、この逸話に登城してくる松平家家令の樋口光は明治三十二年一月に死去している。

「忠誠神君の御逸話」を会津会会報に寄稿したのは旧会津藩士の飯沼関弥と沼澤七郎だった。飯沼は樋口の後任の家令で、二人は年々、昔のことを知っている古老《ころう》の物故者が増え、容保の逸話が湮滅《いんめつ》して後世に伝わらないことに危機感を抱き、旧藩時代に供番《ともばん》、維新後は松平家に家扶《かふ》として仕えていた落合敬三郎から伝え聞いたエピソードのひとつとしてこの逸話を紹介している。

ただ、この逸話は、禁門の変の戦死者の靖国合祀の請願について「忠誠神君」と尊敬された会津の殿様の意向を伝えたものにすぎない。元藩士たちがどのように受け止めていたかは判然としないが、殿様の意向を伝え聞いた藩士たちの多くも同じ思いだったに違いない。

　戊辰戦争後、斗南藩に行った会津藩士にはそのまま定住する者も多く、廃藩置県後に会津に戻ってきた藩士は少なかった。戻ってきた藩士にとっても、禁門の変後はすぐ鳥羽伏見の戦い、そして会津戦争になってしまい、会津藩士にとって記憶の中心は郷土が戦火にまみれた会津戦争であっただろう。禁門の変の戦死者については関心が薄かったというより、ほとんど知らなかったのが実情ではなかろうか。

とは、いっても、靖国神社に合祀された事実に変わりない。

　禁門の変で戦死した会津藩や薩摩藩士ら六十名が晴れて合祀された後の大正四年（一九一五）五月十五日、上野東照宮社務所で祭典が催された。祭典には、合祀された各藩の関係者が集まったが、会津側からは元東京帝大総長の山川健次郎博士や日下義雄、柴四朗（作家、衆院議員）ら七十一名が参列し、山川博士が祭壇に祭文をささげた。

　また、若松市に在住していた小原治八の遺族である小原辰太郎がこの祭典に先立つ四月二十六日、京都に赴き、黒谷の金戒光明寺にある禁門の変で戦死した会津藩士の墓地で墓前祭を行い、香華を手向けたという。

会津復権の国内的諸条件

不条理な境遇に長らく置かれていた旧会津藩士であったが、復権への道のりは平坦ではなかった。

変化の最初の兆候は、皮肉にも会津戦争から九年後の西南戦争だった。明治十年（一八七七）二月、征韓論に敗れて鹿児島県に下野していた西郷隆盛を総大将に担ぎ出した薩軍が決起した際、鳥羽伏見の戦いで「鬼官兵衛」の異名をとった会津藩元家老佐川官兵衛が旧藩士約百人を引き連れて参戦した。

この時の佐川の身分は警視庁の一等大警部で、ひきいた旧会津藩士も一緒に警視庁に入庁していた巡査たちだった。今度は官軍として従軍し、賊軍となった西郷軍と対峙《たいじ》し、「芋（薩摩）征伐」と称して「戊辰の怨念《おんねん》」を晴らした。しかし、上官の総指揮者に恵まれず、佐川の忠告にも耳を聞かずに無謀な作戦を強行したため、阿蘇山近くの戦いで狙撃された佐川ら警視庁部隊に多くの死傷者を出した。

佐賀の乱以降、靖国神社に合祀された祭神は軍人・軍属に限られていたが、西南戦争から軍人・軍属以外の警察官も合祀が認められるようになった。佐川官兵衛らは、会津藩出身者での「官軍」側戦没者として、同神社に合祀された第一号となった。このことは当時、会津人の間でもほとんど話題になった形跡もない。会津戦争以来の薩長藩閥政府への恨みが骨髄に染みついて心の整理がつかなかったのかもしれない。

しかし、時代とともに、会津藩を取り巻く環境も大きく変わりつつあった。

ひとつには東京に出て、新政府内で立身出世する者も現れ始めたからであった。その代表的な存在は山川浩だった。山川浩は戊辰戦争の時は二十四歳で、敵が会津城下に攻め入った時、同藩軍事総督として一カ月におよぶ籠城戦を指揮し、会津戦争後は斗南藩大参事として、旧会津藩士とその家族一万七千人余りの生活再建に奮闘した。

廃藩置県で斗南藩が消滅した後は、かつての敵将で土佐藩出身の軍人谷干城《たにたてき》の紹介で陸軍省に入り、佐賀の乱、西南戦争などで功績を挙げ、陸軍少将に昇進したが、朝敵・会津藩出身とあってそれ以上の出世は望めないと考え、教育界に転身した。晩年は東京高等師範学校、東京女子師範学校の校長を務め、会津藩出身の子弟の教育にも情熱を傾けた。門下からは柴五郎（陸軍大将）、柴四朗（衆院議員）、井深梶之助《いぶかかじのすけ》（明治学院総理）などが輩出したが、その中で最も有名だったのは実弟の健次郎と妹の捨松《すてまつ》だった。健次郎は東京帝国大学に入り、物理学教授となり、のちに同大をはじめ京都帝国大学、九州帝国大学の総長などを歴任する。妹の捨松は、我が国初の女性留学生として米国に留学、帰国後、英語が堪能な才色兼備の才媛として注目され、「鹿鳴館の華」としても活躍した。会津戦争にも「官軍」として参加した薩摩藩出身で陸軍大臣などを歴任した大山巖の妻としても有名である。

明治四十五年（一九一二、同年七月三十日に大正元年に改元）四月二十日には、健次郎らが中心となって、東京市小石川区の松平子爵邸に事務所を置く「会津会」が結成された。若松市（現在の会津若松市）や福島市をはじめ、仙台、札幌、函館、さらには京城、台北、大連などの海外もふくめ十三支部が設けられた。会員は八百三十三人（大正四年時点）に達し、東京をはじめ各地で活躍する会津人脈が形成された。また、翌年九月には、戊辰戦争で戦死した会津藩殉難者の霊魂を永続的かつ組織的に祀ることを目的とした「会津《あいづ》弔霊義会《ちょうれいぎかい》」が地元の有志らによって設立され、慰霊・顕彰活動も本格化した。

会津藩出身者にとって最大の慶事は、昭和三年（一九二八）、松平容保の孫に当たる松平節子が、昭和天皇の実弟である秩父宮雍仁《やすひと》親王と結婚し、皇室入りしたことであった。節子は松平容保の六男で外交官を務めた松平恒雄の長女で、成婚に際し、雍仁親王の実母である貞明《ていめい》皇后の名「節子《さだこ》」と同じ字は避け、皇室とゆかりの深い「伊勢」と会津松平家ゆかりの「会津」から一字をとり、勢津子に改めたと伝えられる。

これにより、長らく「朝敵」の汚名に甘んじてきた会津藩出身の士族たちは文字通り復権されることとなり、感激も並大抵ではなかった。戊辰戦争から六十年目のことであった。

3　第一次大戦後の特別合祀

フランス水兵士の記念碑建立

大正六年（一九一七）五月十九、二十の両日、明治元年（一八六八）の堺事件の責任をとって切腹させられた土佐藩の箕浦猪之吉《みのうらいのきち》ら十一士の墓のある宝珠院《ほうじゅいん》（現在の兵庫県堺市堺区宿屋町東）で、十一士とフランス水兵の五十年祭が催された。

『高知新聞』の大正六年五月二十三日付によると、五十年祭を主催したのは「堺市兵事会《さかいしへいじかい》」で、十九日午後二時から十一士の墓前で五十年弔魂法会が挙行された。参列者は「府知事市長各代理、永井堺警察署長、堀内連隊区司令官、中学校長、市府会議員有志等百五十名にて土佐国よりは片岡直温、市村博士をはじめとし約四十人に及びたる」と盛大な祭典の様子を伝えている。また、五十年祭前日の『土陽新聞《どようしんぶん》』には「同会〔堺市兵事会＝筆者注〕は当時殉難仏国兵士のため新たに弔魂碑《ちゆうこんひ》を建設し十一士と同じく祭式を挙ぐ。仏国大使は深くこの挙を喜び感謝状を同会に寄せたり」とある。『高知新聞』の二十三日付にはフランス水兵の記念碑の記述はないが、「今回の祭典につき山内侯爵家より金二十五円、仏国大使館より二十円の寄付ありたり」とフランス政府からの寄付の記述もあった。

仏蘭西兵士之碑（宝珠院内）

現在幼稚園になっている宝珠院の敷地には、十一士の慰霊碑である「嗚呼忠烈碑」とともに「仏蘭西兵士之碑」と刻まれた石碑が建っている。裏面に「為戊申殉難仏蘭西海軍少尉候補生シャール・ピエール・ギョン外水兵拾名　大正六年五月　弔魂会建立」と刻まれている。シャール・ピエール・ギョンほか十名とは、堺事件で堺港を警備していた箕浦猪之吉ら土佐藩兵に射殺されたフランス海軍水兵のことであった。『土陽新聞』にみえる「吊魂碑」こそ、「仏蘭西兵士之碑」であり、堺事件の日仏双方の殉難者の五十年祭挙行に先駆けて、堺事件の被害者であるフランス水兵の記念碑が建立されていたのであった。

大正九年（一九二〇）に箕浦猪之吉ら十一士が靖国神社に合祀される三年前の第一次世界大戦中の出来事である。フランス水兵の記念碑がどのような経緯をたどって建立に至ったのか。そのことに触れる前に、堺事件について概観しておこう。

堺事件の発生

堺事件は、新政府成立直後の明治元年（一八六八）二月十五日に起きた。鳥羽伏見の戦いに敗れて上方から撤退した幕府軍に代わって、人口八万の堺の警備にあたっていた土佐藩の箕浦猪之吉、西村佐平次両隊長率いる六番隊、八番隊が、フランス兵との間でトラブルとなり、逃げるフランス兵たちに対して発砲を繰り返し、フランス兵十一名が死亡、五名が負傷するという大惨事に発展した。同日早朝、堺見物のためフランス軍艦ヴェニス号艦長ロア少将と兵庫副領事ヴィヨーが大坂の日本政府・外国事務係員や通訳を伴って大坂から陸路、堺入りした際、通報を受けて急行した箕浦や西村らに阻まれて、大阪へ引き返した。フランス兵はこの日午後、ロア少将ら一行を出迎えるため、堺沖に停泊中のフランス軍艦デュプレックス号、ヴェニス号所属の上陸蒸気艇（定員十五名）と測量用ボート（定員八名）に分乗して堺港に入り、一部の水兵が上陸して大坂からの一行を待っていた時に事件は起こった。一カ月前、「鎖国攘夷」から「開国和親」へと外交政策の大転換を内外に宣言したばかりの新政府に衝撃が走った。幕府軍との決戦を控え、新政府軍はすでに東征に出発し、京都・大坂方面の警備は手薄の状況下にあった。幕府に好意的なフランス側の対応次第では、日仏戦争に発展する可能性もあり、誕生したばかりの新政府の高官は周章狼狽した。フランス公使レオン・ロッシュは、①加害者全員を三日以内に全員斬首刑にする、②被害者遺族の扶助料十五万ドルを土佐藩主が支払う、③外国事務担当の親王がフランス艦上で謝罪する、④土佐藩主も同様に謝罪する、⑤土佐人が武装して開港場を通行、滞在することを厳禁するの五か条の要求を突きつけた。新政府も土佐藩もすべての要求を受け入れた。

五カ条の要求のうち、もっとも難問だったのは第一条の「仏人を殺害せし者残らず斬首」であった。銃を使った殺害者の特定も容易ではない。まず、土佐藩は藩兵に「発砲の有無」を自主申告させた。次に、発砲者として名乗りを上げた二十五人の中から、藩主の命により土佐稲荷神社の「籤《くじ》」で十六名を選ばせ、これらに隊長、副長の計四名を加えた二十名を「仏国兵殺害者」として届け出させた。二十名の処刑は二月二十三日、堺の妙国寺で日本側、フランス側の立ち会いのもとに行われた。受刑者は斬首ではなく、苗字《みようじ》も名乗り、切腹という士分扱いということで納得し、次々に切腹した。フランス側の立会人、デュプレックス号艦長のプチ・トアールはフランス兵の死者十一名と同数になったところで中止を求めて席を立ち、結局、残る九名は助命となった。切腹した十一名は妙国寺に隣接する宝珠院に葬られた。遭難フランス兵十一名は、神戸・小野浜の外国人居留地内に葬られた。

以上が事件の概要である。堺事件に関しては、文学的にも魅力に富む素材であっただけに、中山義秀、大仏次郎、司馬遼太郎ら多くの作家が小説のテーマとして扱っているが、堺事件を一躍有名にさせたのは第一次世界大戦勃発の大正三年（一九一四）に刊行された森鷗外の『堺事件』であろう。『堺事件』は、歴史における自然を尊重する「歴史其儘《そのまま》」をめざした鷗外の歴史小説の代表作のひとつであったが、『堺事件』を詳細に調べ上げて鷗外の理想と実作とのあいだにある矛盾を「切盛と捏造」

堺事件（クリスチャン・ポラック氏提供）

と指摘した作家大岡昇平の『堺港攘夷始末』は事件の顛末記としてもっともすぐれた作品といえよう。戦前は鷗外の『堺事件』の種本だった佐々木《ささき》甲象《こうぞう》の『泉州堺土藩士列挙実紀全』（一八九三年、以下『列挙実紀』という）など、事件の「生き残り組」当事者の手記や談話を基軸に叙述されたものが中心だった。著者の佐々木甲象も土佐藩出身で箕浦や西村と顔見知りであり、同書は事件の「生き残り組」の土居八之助盛義《もりよし》が佐々木に頼んで執筆させたものであった。このため、最初から事件の顕彰目的で粉飾や誇張が盛り込まれていた点は否めない。戦後はフランス側資料も数多く発掘、公開されることにより、事件の研究は飛躍的に発展した。ただ、本書の目的は事件そのものの史的研究ではないので、事件のポイントを整理するだけにとどめたい。

当時、堺は幕府時代に諸外国と結んだ条約を継承した、明治新政府からも「外国人遊歩地域」として認定されていたが、そのことが堺の守備にあたった土佐藩側に周知徹底されていなかったことが事件の有力な原因のひとつだった。

また、『列挙実紀』などでは、フランス水兵が上陸後、乱暴をはたらいたうえ、土佐隊の軍旗を奪って発砲したため、やむなく応戦したという筋書きになっているが、少なくともフランス水兵側の乱暴や発砲の記録は土佐藩側資料以外にはない。さらに、有名な十一士の切腹についても、あまりの悲惨さにフランス人の立会人が恐れをなして退散し、そのための残り九人の切腹は中止になったと伝えられているが、これも事実とかけ離れている。一人目の箕浦猪之吉は十文字に腹を掻《か》き切り、攘夷の歌をうたい、臓器をつかみだしながら首を討たれたという部分は日本側の記録ともフランス側の証言ともほぼ一致している。しかし、それ以外の日本側の切腹シーンには事件を美化しようとする誇張のきらいがみられる。十一人での切腹中止も、フランス側が最初から自国の犠牲者と同じ十一人で処刑をおわらせたとみる方が自然である。

賠償金については、新政府は土佐藩に支払いを命じた。同藩は十五万ドルを、五万ドルずつ三回に分けて分割払いする予定だったが、土佐藩から財政圧迫の理由に支払い猶予申請があり、幕末以来国事に尽力した同藩の窮状に同情して、新政府が三回分も含めて肩代わり負担したようである。

生き残り組の合祀請願運動

妙国寺で切腹して果てた箕浦猪之吉や西村佐平次ら十一士の遺骸は、妙国寺北隣の宝珠院に葬られたが、その墓地に土佐藩主は十一基の墓碑を建てた。墓表の表面にはそれぞれの戒名を、その側面には辞世の詩歌を刻み、正面の墓石下段には俗名と行年をとどめた。一基の費用は百両を当てたという（日向康『非命の譜―神戸・堺事件顚末』）。

一方、宝珠院本堂裏の縁の下には、九個の大甕《おおかめ》が同じく九枚の切石の上にあった。切石は甕のふたに用いようとしたものであったが、これは「助命」によって使われなくなった「生き残り組」のためのひつぎだった。堺の人たちは九個の大甕を「生運様《いきうんさま》」とよび、香華《こうげ》を手向けてはその運の強さにあやかりたいと願ったという。この十一基の墓碑を「御残念様《ござんねんさま》」と名付けて、彼らの悲運を慰めたと伝えられている（同書）。

堺事件の十一士の復権に生涯をささげたのは、この「生運様」の一人であった土佐藩士、土居盛義だった。

処刑を免れた土居盛義ら九人は明治元年（一八六八）五月、土佐の渡川（四万十川）以西の幡多《はた》郡入田《にゅうた》村へ流罪となった。庄屋宇賀佑之進預けとなり、流刑中に川谷銀太郎が病死し、残る八人は同年九月八日の明治改元に伴う恩赦で帰郷した。その後、恩赦となった八名のうち、金田時治、竹内民五郎、岡崎栄兵衛、橋詰愛平の四名は明治二十二年までに次々に死没した。十二番目に切腹する予定だった橋詰は切腹中止と決まった直後、舌を嚙《か》み切って自殺しようとしたと伝えられている。彼の死後、有志により、十一士に続く十二番目の墓が建てられたという。

盛義が『列挙実紀』を私家版として発行した明治二十六年当時、存命中だった堺事件の生き残り組は、盛義のほか横田辰五郎、垣内徳太郎、武内弥三郎の三名だった。この時、盛義はすでに数え年七十三歳。リウマチを患っていたが、意気衰えず、剣道に励み、後進に指導するかたわら、『列挙実紀』を全国の有志に配りながら、十一士の靖国神社への合祀請願運動などを精力的に行っていた。その前年の明治二十五年三月、土佐藩出身で当時陸軍中将の谷干城《たにたてき》（一八三七―一九一一）が高知県に帰省した際、盛義は谷に面談して十一士の靖国神社への合祀を熱心に働きかけ、これに共感した谷は嘆願書の文案をつくり、再び帰省した同年九月、同県知事を通じて内務省へ合祀を請願した。

しかし、二十六年十月、陸軍省は「この事件は朝廷より死を賜い、藩主また償金を出して日仏交渉も平穏に局を結びたる次第に付、屠腹は全く殉難死節とは認め難き」との理由で却下した。盛義は「廟議《びょうぎ》仏国をはばかり断行なし。天を仰ぎて大息し悲しむ」と嘆いたが、その後も、谷干城や土佐藩出身で宮内大臣などを歴任した土方久元《ひじかたひさもと》、堺市出身の歌人与謝野晶子、森鷗外らの応援も得て、帝国議会への請願を繰り返す。

土居盛義の伝記である『土居盛義翁実伝』（一九〇四年）によれば、盛義が事件後、妙国寺と宝珠院を詣《もう》でたのは明治二十三年三月と記されている。両寺は軒《のき》傾き壁崩れ、無人のように荒れ放題で、十一士の墓も草木やカヤに埋もれたままだった。この惨状をみた土居は十一士の墓前に「豈《あに》一日も諸君の憤死忘れんや（略）諸君の霊を慰さめん（略）報国の赤心安《やす》んぞ」と誓いを新たにし、宝珠院の墓碑復興にも奔走することになる。

盛義が十一士の靖国神社への合祀請願を本格化させた時期は、明治二十二年の明治憲法発布と翌年の帝国議会開設を機に、維新前後殉難者の靖国合祀や贈位が全国的にも盛り上がりをみせた時期だった。このタイミングをとらえ、十一士の事蹟を世に知らしめる『列挙実紀』の刊行を計画するが、その内容は十一士の復権・顕彰に重点を置く意図は明白だった。新政府が発足したばかりの事件当時の国内外の情勢を踏まえ、「(十一士に切腹を命じたのは)時勢に於いて止むを得さるものの如し」(『列挙実紀』緒言)と朝廷(新政府)批判を極力控えつつも、事件の端緒を「我国禁を破り我社寺を瀆し我婦女を辱め我隊旗を奪ひ我警兵に発銃す」とフランス側の対応に問題があるとした上で、十一士の行動を「殉国の烈挙」(同)と正当化が図られる。

土佐藩11士の墓（宝珠院内）

しかし、こうした主張の前に立ちはだかったのは、日本の外務省だった。十一士の顕彰を目的とした記念碑建立については、それまでも高知県の有志などから要望は出されていたが、外務省の反対で握りつぶされていた。その一端を示す史料が外務省外交史料館（東京都港区）に保存されており、その一部を紹介する。

明治十六年五月十五日、高知県士族雨森真澄や妙国寺住職から、十一士が割腹した同寺境内に「紀念（原文のママ、以下同）碑建設願い」が大阪府知事宛てに提出された。大阪府は直ちにその可否を内務省に伺いをたてるが、その添付資料に明治九年当時、妙国寺に建てられた「英士割腹の跡」と記された標石を撤去した際、イギリス代辨領事から問い合わせがあったことも記されていた。

内務省から照会を受けた外務省は「親族もしくは縁者の者が其の墓碑を建つる如きは問う所にあらず」とし、「之が功績を表する如き紀念碑を建つるに至りては我法律の精神に戻るのみならす外交の友誼《ゆうぎ》に於ても決して許す可らさる所なり」と回答し、結局、内務省は大阪府に対し「紀念碑建設の儀は聞き届け難し」と伝えている。「外交上の友誼」を理由としているが、外務省が諸外国の反応に神経をとがらせていたのは明らかだった。時あたかも、幕末期の不平等条約改正を狙い、極端な欧化主義の象徴と批判された「鹿鳴館外交」時代だった。

その後、日清戦争後の明治二十九年三月、高知県の大島岬に十一士の殉難之碑が建設され、そして日露戦争前夜の明治三十六年、宝珠院境内に十一士の慰霊碑である「嗚呼《ああ》忠烈碑」が建てられた。盛義八十四歳だった。

しかし、宝珠院に慰霊碑が建立された後も、高知県人からの十一士の墓前祭開催などの出願は許されなかったという。また、十一士の靖国神社への合祀請願は明治二十八年に衆議院、貴族の両院を通過したが、日露戦争後になっても政府から何ら音沙汰はなかった。

「堺事件」十一士復権の国際的環境

この事態にしびれを切らした盛義は明治四十年（一九〇七）七月十二日、西園寺公望総理大臣宛てに嘆願書を提出する。

嘆願書の趣旨は、これまでの合祀請願とほぼ同様であったが、「従来は仏国の感情を害すのを慮《おもんぱか》り十一士の追賞恩典なかりしとするも今や日仏協約となり相互の誤解も一掃し両国の友誼前日の比にあらず」と新たに日仏関係の改善を挙げ、合祀の実現を迫るものであった。

日仏協約とは、明治四十年六月十日、パリにおいて日仏両国間で締結された条約で、アジアにおける両国の権益と保護を約束したものだった。これによりフランスは日本との関係を相互的最恵国待遇に引き上げる代わりに、日本はフランスのインドシナ半島支配を容認した。また、両国は清の独立を保全するとともに同国内におけるお互いの勢力圏を認め合った。フランスは広東、広西、雲南を、日本は満州、蒙古、それに秘密協定によって福建省を自国の勢力として相手国側に承認させたのであった。

盛義が「両国の友誼前日の比にあらず」と嘆願書に書いたのも、日仏協約締結による両国関係の著しい進展を指してのことだった。しかし、十一士の合祀は盛義や谷干城の存命中は実現しなかった。

大正三年（一九一四）六月二十八日、オーストリア皇太子夫妻がサラエボで暗殺される。事件の背景にセルビアがあるとしてオーストリアは最後通告を出し、七月二十八日にセルビア政府に宣戦布告。セルビアと同盟関係にあるロシアは総動員令をかけ、フランスも総動員令。八月二日、オーストリアと同盟関係にあったドイツがロシアに宣戦布告。三日、ドイツがフランスにも宣戦布告。四日、ドイツ軍ベルギーに侵攻、英国参戦。瞬く間に欧州を舞台にした第一次世界大戦が勃発した。

八月二十三日、日本は日英同盟に基づき、ドイツに宣戦布告して連合国側の一員として参戦した。陸軍はドイツが権益を持つ膠州《こうしゅう》湾の要害青島《チンタオ》を攻略、占領する。海軍はドイツが植民地支配していた南洋諸島を攻略した。さらに英仏両国などから主戦場の欧州戦線への陸軍の派遣要請もあったが、これは遠方であることを理由に拒絶、再三の要請を受けて大正六年には巡洋艦や駆逐艦などを派遣し、地中海などを往来する英仏船舶の警備などでお茶をにごしたにすぎなかった。

五年に及ぶ第一次世界大戦では、射程距離の長い機関銃や戦車、航空機といった大量殺りく兵器が出現、戦線の全世界への拡大により、未曾有の犠牲者を生んだ。戦闘員の戦死者は延べ九百万人に達したといわれる。主戦場となった独仏国境付近では、戦況の長期化にともない、長大な塹壕《ざんごう》線がつくられ、数百万人の若者が動員された。とりわけ、自国がドイツ軍の蹂躙《じゅうりん》にさらされたフランスの消耗は著しかった。

こうした大戦中の大正六年五月に堺の宝珠院に「仏蘭西兵士之碑」が建った。土佐史談会会長を務めた高校教諭寺石正路《てらいしまさみち》は、昭和十二年（一九三七）に著した『明治元年土佐藩士泉州堺烈挙』の中で碑建立の経緯を次のように記した。

心ある高知県人ははじめて活動し、大正五年寺内内閣の時、首相寺内正毅《まさたけ》伯に申請し、堺事件殉難者祭祀《さいし》のことに関し、仏国政府の了解を受けんことを求めた。寺内首相も快くこれを承諾し、時の仏国首相クレマンソーに交渉し、明治元年の堺事件は、双方誤解にもとづき遺憾多かりしも、今や歳月を経て事情諒解し昔の恨みは水に流し、両国互いに親和を表し、仏人も日本人も共に合祭し、その公事〔国事＝筆者注〕に斃《たお》れたる霊魂を慰すべしということとなり、仏国もこれを諒諾し、ここにおいて国際障害はじめて撤去せられた。

「心ある高知県人」について、学究肌の寺石は何も触れていない。明治元年生まれの寺石もまた、激動の明治、大正、昭和を見続けてきた「心ある」同時代人の一人だった。

「アメリカ合衆国、英帝国、フランス、イタリア、日本　以上本条約において主要な連合同盟国とみられる列強諸国」―大正八年（一九一九）六月二十八日に署名されたベルサイユ条約の本文冒頭に記された五大国に日本は入り、世界の「一等国」となった。

堺事件の十一士が靖国神社に合祀されたのは、それからおよそ十カ月後の大正九年四月二十七日のことだった。

あとがき

思わぬ深みにはまってしまった、というのが本書を書き終えての正直な感想である。

小泉純一郎元首相が靖国神社を参拝した二〇〇六年八月十五日の終戦記念日、私は同神社境内にいた。当時の担当職場である東京新聞特別報道部（特報部）による終戦記念日恒例の「靖国ルポ」の取材だった。一日で外国人を含む老若男女約二十五万人（主催者発表）が参拝に訪れ、境内は異様な熱気と興奮に包まれた。小泉元首相の予告参拝の影響もあったとはいえ、この熱気の正体は一体、何なのか。そして、靖国神社とは、日本とは、日本人とは何か。なんともいえぬ衝動に駆られたことを昨日のことのように思い出す。

「物事の本質はその出発点に隠されているはず」。新聞記者の習性なのか、今から思えば、安易な気持ちから靖国神社のそもそも論の歴史に首を突っ込んだ。

明治維新前後の国事殉難者として靖国神社に合祀《ごうし》された七千三百九十九柱《はしら》の祭神について調べ始めてまもなく、祭神を構成する幕末期の国事殉難者と戊辰戦争の戦没者等の内訳の人数すら確定されていない事実にがくぜんとした。同神社の前身の東京招魂社が創建される以前に没した幕末殉難者を対象とする祭神がいかなる事件で、いつ、どこで命を落としたのか。官報に告示された祭神名と「靖国神社忠魂史」に記された祭神の経歴との照合による確認作業を通じて、少しずつ同神社に合祀された幕末維新の祭神の全体像の輪郭は見えてきた。しかし、今もって所期の目的が果たされたか、はなはだ心もとないようにも思える。

水戸支局に赴任していた当時、「月一回の勉強会」と称して、茨城大学名誉教授の大江志乃夫先生（故人、日本近現代史）のご自宅に足しげく通った。私の質問に、先生はいつもにこにこしながら、書庫から史料を運んできて、懇切丁寧に解説してくれた。史料の行間から、幾千、幾万人もの声なき声が聞こえてくるようで、歴史の醍醐味《だいごみ》を満喫する瞬間だった。その大江先生がみまかられてまもなく五年目となる。

「（日本近現代史の）歴史的事実が確定するのには、時として百年の年月がかかる」とは、学生時代の恩師の言葉である。史料はどこかに眠っている。結論を急ぐな、という戒めであろう。新聞記者もむろん、事実を扱うことを生業《なりわい》とする職業であることに変わりはないが、今、その言葉の重みをかみしめている。読者諸氏の厳しい批判を乞う次第である。

本書を執筆するにあたって、東京大学名誉教授の宮地正人氏（日本近代史）からさまざまな助言をいただいた。堺事件の研究家でもある日本在住のフランス人、クリスチャン・ポラック氏からは事件発生約一カ月後に描写されたという、堺事件の貴重なスケッチ画を提供してもらった。元茨城県歴史館史料室長の桐原邦夫氏には、明治時代の難解な公文書や書簡の解読の労をとっていただいた。

また、参考文献に記した方々以外にも史料の収集および調査にあたって、野田安平、滝田昌生、磯田道史、木村幸比古、木村武仁、宮沢正純、永井博、笹目礼子、小林義忠、朝比奈光一、上野清彦、西澤朱美、桐野作人、立野晃、あさくらゆう、千葉隆司、飯沼一典、和田俊道、大藪正哉、猿田雄也、三浦寅松、有木靖人、徳平晶、新丸和也の各氏に協力をいただいた。この場を借りて御礼申し上げたい。最後に、本書刊行にあたり尽力いただいた吉川弘文館編集部に謝意を表したい。

二〇一四年五月二十五日

吉原康和

参考文献

〈書籍〉

青山幹生・青山隆生・堀雅昭『靖国の源流　初代宮司・青山清の軌跡』弦書房、二〇一〇年
生田辰男編『靖国烈女伝』出版文化研究会、一九四一年
石井孝『明治維新の国際的環境』吉川弘文館、一九五七年
石田孝喜『幕末維新京都史跡事典（新装版）』新人物往来社、一九九七年
一坂太郎『幕末歴史散歩東京編』中公新書、二〇〇四年
一坂太郎『幕末・英傑たちのヒーロー』朝日新書、二〇〇八年
今井昭彦『反政府軍戦没者の慰霊』御茶の水書房、二〇一三年
岩井忠熊『「靖国」と日本の戦争』新日本出版社、二〇〇八年
岩崎英重『桜田義挙録』吉川弘文館、一九一一年
大江志乃夫『戦争と民衆の社会史』徳間書店、一九七九年
大江志乃夫『靖国神社』岩波新書、一九八四年
大岡昇平『堺港攘夷始末』中公文庫、一九九二年
大仏次郎『天皇の世紀』一〜七、文春文庫、二〇一〇年
小野寺龍太『幕末の魁《さきがけ》、維新の殿《しんがり》』弦書房、二〇一二年
金沢春友『水戸天狗党遺聞』富貴書房、一九五五年

河内山雅郎『会津禁門の變戦記』、二〇〇四年
菊池明『京都守護職日誌　第二巻』新人物往来社、二〇〇八年
小島毅『靖国史観』ちくま新書、二〇〇七年
小林健三・照沼好文『招魂社成立史の研究』錦正社、一九六九年
小堀桂一郎『靖国神社と日本人』ＰＨＰ新書、一九九八年
佐々木甲象『泉州堺土藩士烈挙実紀　全』箕浦清四郎ら三人、一八九三年
佐々木克『戊辰戦争』中公新書、一九七七年
沢本健三『伯爵田中青山』田中伯伝記刊行会、一九二九年
佐谷眞木人『日清戦争』講談社現代新書、二〇〇九年
瑞山会（土方久元代表）『維新土佐勤王史』冨山房、一九一二年
関山豊正『元治元年』上・中・下一・二、桜井印刷所、一九六八〜八四年
瀬谷義彦『水戸の斉昭』茨城新聞社、二〇〇〇年
高橋哲哉『靖国問題』ちくま新書、二〇〇五年
田中彰『幕末の長州』中公新書、一九六五年
田中光顕『維新風雲回顧録』大日本雄弁会講談社、一九二八年
長久保片雲『西丸帯刀と幕末水戸藩の伏流』新人物往来社、一九八四年
寺石正銘『明治元年土佐藩士泉州堺烈挙』宝文館、一九三七年
中山義秀『関東狂少年』（中山義秀全集四巻所収）、新潮社、一九七一年
奈良本辰也『吉田松陰』岩波新書、一九五一年
野口信一『会津えりすぐりの歴史』歴史春秋社、二〇一〇年

野口武彦『井伊直弼の首』新潮新書、二〇〇八年
橋川文三『日本の名著二九　藤田東湖』中央公論社、一九七四年
秦郁彦『靖国神社の祭神たち』新潮選書、二〇一〇年
畑敬之助『戊辰怨念の深層』歴史春秋社、二〇〇二年
半藤一利『幕末史』新潮社、二〇〇八年
日向康『非命の譜』毎日新聞社、一九八五年
星亮一『敗者の維新史』中公新書、一九九〇年
松浦玲『君臣の義を廃して』辺境社、二〇〇二年
松岡英夫『安政の大獄』中公新書、二〇〇一年
『水戸市史』中巻（四）、水戸市史編纂委員会、一九八二年
『水戸市史』中巻（五）水戸市史編纂委員会、一九九〇年
宮地正人『幕末維新変革史』上・下、岩波書店、二〇一二年
村上重良『慰霊と招魂』岩波新書、一九七四年
森鷗外『堺事件』（鷗外歴史文学集第二巻所収）、岩波書店、二〇〇〇年
矢富熊一郎『維新前夜石見乃戦』島根郷土会、一九一六年
山川菊栄『幕末の水戸藩』岩波文庫、一九九一年
山川浩『京都守護職始末』郷土研究社、一九三〇年
八幡和郎『江戸三〇〇藩最後の藩主』光文社新書、二〇〇四年
山田風太郎『魔群の通過』文春文庫、一九九〇年
吉村昭『桜田門外ノ変』上・下、新潮文庫、一九九五年

吉村昭『天狗争乱』新潮文庫、一九九七年

〈論文・雑誌連載物〉

秋山郁子「別格官幣社・靖国神社の合祀者詮衡」上・下（『季刊戦争責任研究』六七・六八号、二〇一〇年）
阿部安成「横浜開港五十年祭の政治文化―都市祭典と歴史意識―」（『歴史学研究』六九九号、一九九七年）
上野秀治「香川敬三と茨城」上・下（『水戸史学』七八号、二〇一三年）
大仏次郎「愿蔵火事」（雑誌『富士』連載、一九三二年二月～一九三二年七月
高田祐介「維新の記憶と『勤王志士』の創出―田中光顕の顕彰活動を中心に―」（『ヒストリア』二〇四号、二〇〇七年）
高橋正「日・仏の悲劇―堺事件の真相」（『土佐史談』二三九号、二〇〇八年）
寺迫正廣「日仏双方からみた堺事件」（Revue japonaise de didactique du français、二〇〇九年）
鳥巣通明「靖国神社の創建と志士の合祀」（神道学会編『出雲神道の研究』所収、一九六八年）
所功「〝靖国祭神〟の要件と合祀の来歴」（『藝林』五五巻二号、二〇〇六年）
水代勲「所謂『愿蔵火事』に就いての一考察」（『藝林』三六巻一号、一九八七年）
宮地正人「政治と歴史学―明治期の維新史研究を手掛りとして―」（西川正雄・小谷汪之編『現代歴史学入門』所収、東京大学出版会、一九八七年）
吉原康和「靖国合祀と水戸殉難者の運命」（『日本主義』九号、二〇一〇年）
吉原康和「明治維新前後『国事殉難者』靖国合祀の再検討」（『藝林』六一巻一号、二〇一二年）
吉原康和「明治維新前後『国事殉難者』靖国合祀の再検討（続）」（『藝林』六二巻二号、二〇一三年）
吉原康和「元治元年の『神々』」（『街道の歴史と文化』一八号、中山道中津川歴史文化研究会、二〇一三年）

〈資料・史料類〉

稲葉誠太郎『稲葉重左衛門日記・水戸天狗党栃木町焼打事件』ふろんてぃあ、一九八三年
史談会『国事鞅掌報効志士人名録』、一九〇九年
史談会『戦亡殉難志士人名録（復刻版）』、二〇〇七年
国立国会図書館編『新編靖国神社問題資料集』二〇〇七年
『土居盛翁実伝』高知県立図書館蔵、一九〇四年
田尻佐『贈位諸賢伝』国友社、一九二七年
玉虫左太夫『波山記事』日本史籍協会、一九一八年
川瀬教文著・史談会編『波山始末』一八九九年
『水戸藩史料』吉川弘文館、一九七〇年
『明治天皇紀』第七巻、吉川弘文館、一九七二年
『靖国神社誌』靖国神社、一九一一年
陸・海軍大臣官房監修『靖国神社忠魂史』一、靖国神社、一九三五年
『靖国神社百年史資料編』上、靖国神社、一九八三年
『霊山祭神の研究―殉難志士履歴』霊山歴史館、一九八六年

著者略歴

一九五七年、茨城県に生まれる
一九八〇年、立命館大学卒業
一九八六年、東京新聞（中日新聞東京本社）入社。東京本社社会部、特別報道部デスク、水戸、横浜両支局長を経て、東京本社写真部長

〔主要論文〕
「明治維新前後「国事殉難者」靖国合祀の再検討」（『藝林』六一巻一・二号、二〇一二・一三年）、「元治元年の『神々』」（『街道の歴史と文化』一八号、二〇一三年）

靖国神社と幕末維新の祭神たち
明治国家の「英霊」創出

二〇一四年（平成二十六）八月十日　第一刷発行

著　者　吉《よし》原《はら》康《やす》和《かず》
発行者　吉川道郎
発行所　株式会社　吉川弘文館
郵便番号一一三―〇〇三三
東京都文京区本郷七丁目二番八号
電話〇三―三八一三―九一五一〈代表〉
振替口座〇〇一〇〇―五―二四四番
http://www.yoshikawa-k.co.jp/
印刷＝株式会社 ディグ
製本＝株式会社 ブックアート
装幀＝右澤康之

ISBN978-4-642-08258-7